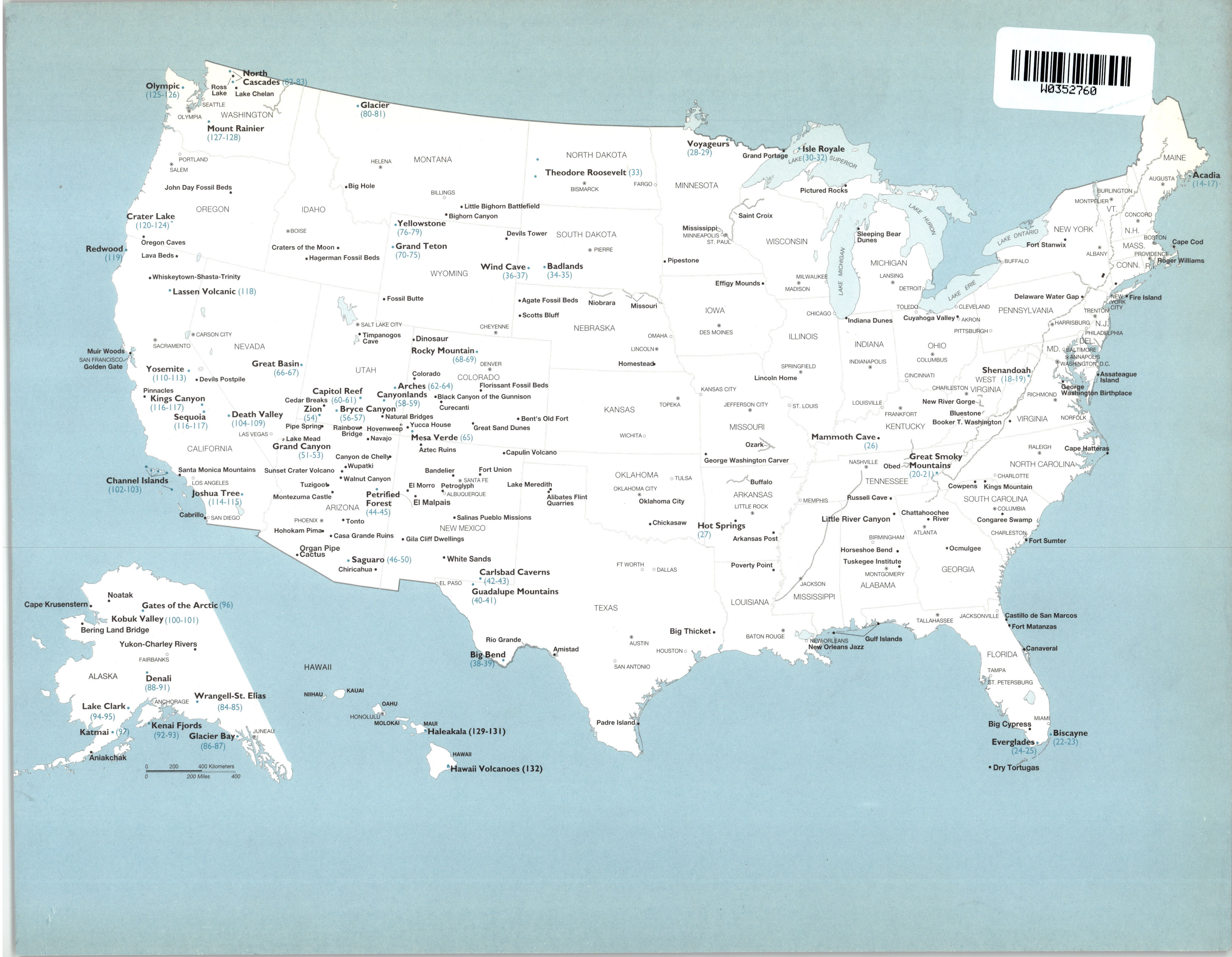

Olympic (125-126)
Ross Lake
North Cascades (82-83)
Lake Chelan
SEATTLE
OLYMPIA
WASHINGTON
Mount Rainier (127-128)
Glacier (80-81)
PORTLAND
SALEM
John Day Fossil Beds
OREGON
Crater Lake (120-124)
Oregon Caves
Redwood (119)
Lava Beds
Whiskeytown-Shasta-Trinity
Lassen Volcanic (118)
HELENA
MONTANA
Big Hole
BILLINGS
Little Bighorn Battlefield
Bighorn Canyon
IDAHO
BOISE
Craters of the Moon
Hagerman Fossil Beds
Yellowstone (76-79)
Grand Teton (70-75)
WYOMING
Fossil Butte
NORTH DAKOTA
Theodore Roosevelt (33)
BISMARCK
FARGO
Devils Tower
SOUTH DAKOTA
PIERRE
Wind Cave (36-37)
Badlands (34-35)
Agate Fossil Beds
Scotts Bluff
Niobrara
Missouri
NEBRASKA
CHEYENNE
SALT LAKE CITY
Timpanogos Cave
Dinosaur
Rocky Mountain (68-69)
DENVER
Colorado
COLORADO
CARSON CITY
SACRAMENTO
NEVADA
Muir Woods
SAN FRANCISCO
Golden Gate
Yosemite (110-113)
Devils Postpile
Great Basin (66-67)
UTAH
Pinnacles
Kings Canyon (116-117)
Sequoia (116-117)
Death Valley (104-109)
LAS VEGAS
CALIFORNIA
Capitol Reef (60-61)
Cedar Breaks
Zion (54)
Bryce Canyon (56-57)
Arches (62-64)
Canyonlands (58-59)
Florissant Fossil Beds
Black Canyon of the Gunnison
Curecanti
Natural Bridges
Pipe Spring
Rainbow Bridge
Hovenweep
Yucca House
Great Sand Dunes
Bent's Old Fort
Mesa Verde (65)
Navajo
Lake Mead
Grand Canyon (51-53)
Aztec Ruins
Capulin Volcano
Canyon de Chelly
Wupatki
Sunset Crater Volcano
Santa Monica Mountains
Channel Islands (102-103)
LOS ANGELES
Joshua Tree (114-115)
Walnut Canyon
Tuzigoot
Montezuma Castle
Bandelier
Fort Union
SANTA FE
El Morro
Petroglyph
ALBUQUERQUE
Petrified Forest (44-45)
El Malpais
Lake Meredith
Alibates Flint Quarries
ARIZONA
Cabrillo
SAN DIEGO
PHOENIX
Tonto
Salinas Pueblo Missions
NEW MEXICO
Hohokam Pima
Casa Grande Ruins
Gila Cliff Dwellings
Organ Pipe Cactus
Saguaro (46-50)
White Sands
Chiricahua
Carlsbad Caverns (42-43)
EL PASO
Guadalupe Mountains (40-41)
Voyageurs (28-29)
Grand Portage
Isle Royale (30-32)
LAKE SUPERIOR
MINNESOTA
Pictured Rocks
Saint Croix
Mississippi
MINNEAPOLIS
ST. PAUL
WISCONSIN
Sleeping Bear Dunes
LAKE HURON
LAKE MICHIGAN
MICHIGAN
LANSING
Pipestone
Effigy Mounds
MILWAUKEE
MADISON
DETROIT
LAKE ERIE
LAKE ONTARIO
IOWA
DES MOINES
OMAHA
LINCOLN
CHICAGO
Indiana Dunes
TOLEDO
CLEVELAND
AKRON
Cuyahoga Valley
PITTSBURGH
PENNSYLVANIA
KANSAS
TOPEKA
Homestead
ILLINOIS
INDIANA
INDIANAPOLIS
OHIO
COLUMBUS
SPRINGFIELD
Lincoln Home
CINCINNATI
KANSAS CITY
JEFFERSON CITY
ST. LOUIS
LOUISVILLE
FRANKFORT
KENTUCKY
MISSOURI
WICHITA
Ozark
George Washington Carver
Mammoth Cave (26)
NASHVILLE
Obed
Great Smoky Mountains (20-21)
TENNESSEE
OKLAHOMA
TULSA
OKLAHOMA CITY
Oklahoma City
Chickasaw
Buffalo
ARKANSAS
LITTLE ROCK
Hot Springs (27)
Arkansas Post
MEMPHIS
Russell Cave
Little River Canyon
Chattahoochee River
BIRMINGHAM
ATLANTA
Horseshoe Bend
Tuskegee Institute
MONTGOMERY
ALABAMA
Ocmulgee
GEORGIA
FT WORTH
DALLAS
Poverty Point
JACKSON
MISSISSIPPI
LOUISIANA
TEXAS
Big Thicket
BATON ROUGE
NEW ORLEANS
New Orleans Jazz
Gulf Islands
Rio Grande
Amistad
Big Bend (38-39)
AUSTIN
HOUSTON
SAN ANTONIO
Padre Island
TALLAHASSEE
JACKSONVILLE
Castillo de San Marcos
Fort Matanzas
Canaveral
FLORIDA
TAMPA
ST. PETERSBURG
MIAMI
Big Cypress
Everglades (24-25)
Biscayne (22-23)
Dry Tortugas
MAINE
AUGUSTA
Acadia (14-17)
BURLINGTON
MONTPELIER
VT.
CONCORD
N.H.
NEW YORK
Fort Stanwix
ALBANY
BOSTON
MASS.
Cape Cod
PROVIDENCE
R.I.
CONN.
Roger Williams
BUFFALO
Delaware Water Gap
NEW YORK CITY
Fire Island
TRENTON
N.J.
HARRISBURG
PHILADELPHIA
DEL.
MD.
BALTIMORE
ANNAPOLIS
WASHINGTON, D.C.
Assateague Island
Shenandoah (18-19)
WEST VIRGINIA
CHARLESTON
George Washington Birthplace
RICHMOND
New River Gorge
Bluestone
Booker T. Washington
VIRGINIA
NORFOLK
RALEIGH
Cape Hatteras
NORTH CAROLINA
CHARLOTTE
Cowpens
Kings Mountain
SOUTH CAROLINA
COLUMBIA
Congaree Swamp
CHARLESTON
Fort Sumter
Cape Krusenstern
Noatak
Gates of the Arctic (96)
Kobuk Valley (100-101)
Bering Land Bridge
Yukon-Charley Rivers
FAIRBANKS
ALASKA
Denali (88-91)
Wrangell-St. Elias (84-85)
ANCHORAGE
Lake Clark (94-95)
Kenai Fjords (92-93)
Katmai (97)
Glacier Bay (86-87)
JUNEAU
Aniakchak
0 200 400 Kilometers
0 200 Miles 400
HAWAII
NIIHAU
KAUAI
OAHU
HONOLULU
MOLOKAI
MAUI
Haleakala (129-131)
HAWAII
Hawaii Volcanoes (132)

Amerikanische
NATIONAL-PARKS

Herausgegeben von

Letitia Burns O'Connor
& Dana Levy

Einleitung von

Michael Duchemin

Beiträge von

Susan Burke, Leslie Croyder, Mike Macy, Susan J. Tweit

Fotos von

Tom Bean

Craig Blacklock

Liz Hymans

David Muench

Marc Muench

Pat O'Hara

Mike Sedam

Scott Smith

KÖNEMANN

Fotonachweise:

Tom Bean: **28, 33** links, **37, 52** unten, **57** rechts, **63, 84** links, **86** links, **87** rechts, **90** rechts, **92** links, **97, 103** oben links, **106** links, **115** rechts

Zandria Muench Beraldo: **17** rechts

Craig Blacklock: **7,** zweites Bild von oben, **24** links und Mitte, **29, 30, 31, 32, 33** rechts, **34**, **36** oben rechts und unten, **64** rechts, **70, 89, 114** unten links und rechts, **120** rechts

Fred Hirschmann: 94, 95

Liz Hymans: **7** oben, drittes Bild von oben, **14–15, 18** links, **20** oben, **38** unten, **44–45, 46** unten, **48–50, 52** oben, **54** unten rechts, **56–57** unten, **68** unten, **74, 78** rechts, **98–99, 104–105** unten, **108–109, 119** rechts, **132** links

David Muench: **1, 6, 16** rechts, **17** links, **18** rechts, **24** rechts, **25, 26, 27, 36** oben links, **39, 40, 41, 42, 43, 45** rechts, **46** oben, **47, 55, 56** oben, **58, 60** links, **64** links, **65, 69, 75** rechts, **76** links, **81, 102, 103** rechts, **110, 115** links, **117** rechts, **121, 129, 130–131, 134**

Marc Muench: **85** links, **86** rechts, **88, 103** unten links, **113. 119** links

Pat O'Hara: **7** fünftes Bild von oben, **15** rechts, **16, 20** links und Mitte, **21, 53** links, **54** oben rechts, **78** links, **79** unten rechts, **82** oben, **83** rechts, **84** rechts, **85** rechts, **87** links, **90** links, **91, 92** rechts, **93, 96, 100, 101, 111, 112, 116, 117** links, **120** links, **125, 126, 127, 128** rechts

Doug Perrin: **22** oben, unten links

Mike Sedam: **7** viertes Bild von oben, unten, **45** rechts, **53** rechts, **59** oben, **62** unten, **72–73, 76–77, 79** rechts, **80–81, 82–83** unten, **114** oben, **118, 122–123, 128** links, **130** links, **132** rechts, **133**

Scott Smith: **2–3, 19, 20** unten rechts, **38** oben, **51, 54** links, **57** oben links, **59** unten, **60–61, 61, 62** oben, **66, 67, 68** oben, **74–75, 79** oben links, **105** oben, **106** rechts, **107**

Masa Ushioda: **22** rechts, **23**

Originalausgabe: Hugh Lauter Levin Associates, Inc.

Originaltitel: America's Spectacular National Parks

Könemann Verlagsgesellschaft mbH,
Bonner Sraße 126, D-50968 Köln

Übersetzung aus dem Englischen: Birgit Lamerz-Beckschäfer (S. 1–65), Beate Felten-Leidel (S.66–134)
Redaktion und Satz: content publishing, München

Projektkoordination: Andrea Fuß
Herstellung: Ursula Schümer

Druck und Bindung: Sing Cheong Printing Co., Ltd.
Printed in Hong Kong, China

ISBN: 3-8290-3579-9

10 9 8 7 6 5 4 3 2 1

Umgestürzte Weißstämmige Zirbelkiefer im Grand Teton National Park

OSTEN

MITTELWESTEN

SÜDWESTEN

ROCKIES

ALASKA

WESTEN

Die Besichtigung der Nationalparks: Eine Amerikanische Tradition

von Michael Duchemin

STELLEN SIE SICH VOR, SIE BETRACHTEN DIE WUNDERVOLLE LANDSCHAFT UND DIE NATURWUNDER IM KALIFORNISCHEN YOSEMITE NATIONAL PARK UND BESTAUnen vom Inspiration Point aus das Panorama der von Gletschern geformten Canyons. Hören Sie das Tosen des Schmelzwassers, das im Frühling donnernd über die Yosemite Falls zu Tal fällt. Lassen Sie sich vom Nebel einhüllen, der vom Merced River aufsteigt. Atmen Sie den Duft des Taus auf frühmorgendlichen Wiesen ein. Ziehen Sie sich vor der Sonne in den Schatten der Mammutbäume im Mariposa Grove zurück. Begleiten Sie mich auf einer Reise durch die Wunderwelt, die **Amerikanische Nationalparks** uns zu bieten haben.

Vom Gipfel des Cadillac Mountain auf Mount Desert Island im Acadia National Park bis zu den Tiefen des Virgin River, der sich durch den Zion Canyon schlängelt, zeigen Amerikas Nationalparks einzigartige, ganz persönliche Portraits von Natur, Landschaft, Fauna und Geschichte, etwa die geothermischen Besonderheiten des Yellowstone, die bis zum Horizont nebelverhangenen Bergkämme der Great Smoky Mountains, die über 450 Tierarten am Big Bend oder den Stronghold Table in den Badlands, auf dem Sioux-Indianer 1890 ihren letzten Geistertanz abhielten. Die Fotos von Tom Bean, Craig Blacklock, Liz Hymans, David und Marc Muench, Pat O'Hara, Mike Sedam und Scott Smith laden Sie ein zum Death Valley, dem tiefsten Punkt der Nordhalbkugel, zum Mount Whitney, dem höchsten Gipfel der 48 zentralen US-Staaten, zum Mauna Loa, dem zweithöchsten Vulkan der Welt und zum 2.500 Jahre alten General Sherman Tree, dem »größten Lebewesen der Erde«.

Diese und viele andere Naturschönheiten erleben Sie in **Amerikanische Nationalparks.**

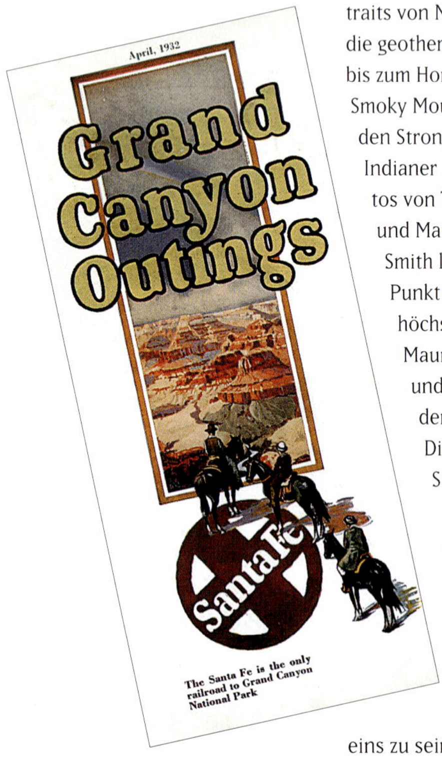

Der Reiseführer der Atchison, Topeka & Santa Fe Railway von 1932 pries Ausritte in den Grand Canyon National Park an (mit freundl. Gen. des Autry Museum of Western Heritage, Los Angeles).

Beginnen wir mit einem Rückblick auf die Ursprünge der Nationalparks. Schauen wir uns an, wie die ersten Reisenden Amerikas »Wonderlands« eroberten. Die Geschichte beginnt in den 1840er Jahren, als die Grenzen hinausgeschoben wurden, der Mythos vom zweiten Garten Eden vielen das Gefühl gab, eins zu sein mit der Natur, und die dramatischen Landschaften des Westen zunehmend bekannt wurden. John C. Frémonts »Report of the Exploring Expedition to the Rocky Mountains in the Year 1842, and to Oregon and North California in the Years 1843–1844« sowie die Berichte der Landvermesser der Pacific Railroad im Jahr 1853 beeinflußten Künstler wie Asher Durand und andere Maler der Hudson River School. Während die vordringende Zivilisation die letzten Wildnisgebiete vor sich herschob, waren urwüchsige Naturdarstellungen sehr beliebt. Viele meinten, Amerikas Größe lasse sich am ehesten durch Darstellungen des Erhabenen abbilden, das schon bald zum Inbegriff der »wilden« Natur wurde. Romantische Künstler wandten sich von menschlichen Werken ab und bemühten sich um die präzise Wiedergabe herausragender Landschaftsmerkmale, oft in dramatischer Ausleuchtung: die Schönheit der Natur als unmittelbares Abbild Gottes.

Auch Schriftsteller betonten, daß die Natur den Menschen Gott näher bringen kann. In seinem Aufsatz »Die Natur« von 1836 schrieb Ralph Waldo Emerson: »Auf dem nackten Boden stehend – meinen Kopf umhüllt von erfrischender Luft und erhoben in den unendlichen Raum – verschwindet mein niederer Egoismus. Ich werde zu einem transparenten Augapfel. Ich bin nichts. Ich sehe alles, die Strömungen des universellen Wesens durchfluten mich, ich bin ganz und gar Teil Gottes.« Dank der Reiseliteratur entdeckten viele Amerikaner ihre Liebe zur Natur, und die Naturwunder wurden zu Sinnbildern ihrer spirituellen Identität. Die Schilderung eines Reisenden, der 1848 die Niagarafälle besuchte, gibt einen Eindruck davon, daß sich das Empfinden dem Emersons annäherte:

> Welch überwältigendes Werk der Natur! Die Berge, Ozeane, Seen und Wasserfälle sind großartige Belege für die Pracht der Werke Gottes, doch in diesem ununterbrochen leuchtenden Regenbogen drückt sich zudem seine Güte aus. Welcher Geist wäre angesichts solcher Wunder nicht geläutert, welche Seele nicht von noblen Gefühlen durchströmt? Laßt den Menschen in Ehrfurcht und Bewunderung schauen und lehrt ihn – DEMUT.[1]

IM LAUFE DES 19. JAHRHUNDERTS WANDELTEN sich die spirituellen Anklänge, die den Amerikanern aus der Natur entgegenwehten, in ein Gefühl der nationalen Identität. Der Louisiana Purchase, der Oregon Trail, die Eroberung Mexikos und der kalifornische Goldrausch öffneten den Kontinent. Monumentale Landschaften wurden für Künstler, Philosophen und Politiker zu Wahrzeichen, an denen sie die kulturelle Unabhängigkeit von Europa festmachten. Während der Bürgerkriegsjahre benutzten sie die Natur, vor allem die grandiosen Landschaften des Westens, als Legitimation für die nationale Identität und Beweis dafür, daß Gott seine Hand über die amerikanische Kultur hielt. Zu Tausenden reproduzierte Fotos von Carleton und Gemälde von Albert Bierstadt machten das Yosemite Valley zum Inbegriff der »Manifest Destiny«, jener festen Überzeugung, die Besiedlung des Kontinents von der Atlantik- bis zur Pazifikküste sei gottgewollt.

Die Erhaltung des Yosemitetals und der angrenzenden Mariposa Big Tree Grove bestärkte die Vorstellung, Amerika sei »nature's nation«. Am 30. Juni 1864 unterzeichnete Präsident Abraham Lincoln ein Gesetz, mit dem das Eigentum an den beiden benachbarten Landschaften auf den Staat Kalifornien überging. Yosemite wurde »von der allgemeinen Bewirtschaftung staatlicher Landflächen ausgenommen und für alle Zukunft zu einem öffentlichen Erholungsgebiet erklärt«.[2] Gouverneur Frederick F. Low setzte Frederick Law Olmsted, den Landschaftsarchitekten des New Yorker Central Park, als Vorsitzenden eines achtköpfigen Verwaltungsgremiums für den Yosemitepark ein. In einem Zwischenbericht erläuterte Olmsted ein Jahr später die Grundzüge eines staatlichen Landschaftsschutzes mit Blick auf die einzigartige Fähigkeit der Natur, die psychische, physische und soziale Gesundheit des Menschen zu fördern.

L. Prang & Co., nach Thomas Moran, Die heißen Quellen am Gardiner's River, Yellowstone, 1875 (mit freundl. Gen. der Library of Congress)

Olmstedt forderte, daß Kalifornien Yosemite vor privaten Interessen schützen müsse, weil spektakuläre Naturräume neben spirituellem Trost auch Entspannung und Erholung bieten und so die persönliche Gesundheit und Kraft, insbesondere den Intellekt fördern. Naturschönheit stärkt den Menschen, so Olmsteds Theorie, weil sie sein Bewußtsein in ihren Bann zieht und damit die Gedanken unterbricht, die aktuelle Tätigkeiten mit zukünftigen Zielen verbinden. Dies wiederum befreie vom Alltagsstreß der modernen Welt und und fördere sowohl die Befähigung des Naturliebhabers zum Glücklichsein als auch seine Möglichkeiten, diesen Zustand zu erhalten. »Nur wenige Dinge besitzen diese Qualität in solcher Reinheit«, schrieb Olmsted.[3]

Das Yosemitegebiet vor einem Monopol einzelner Interessen zu schützen genügte jedoch nicht. Olmsted meinte, das Gebiet müsse »der Nutzung durch die Masse des Volkes geöffnet« werden, als Ort, an dem Besucher die Liebe zur Natur in sich wiederentdecken können, die »der Allmächtige in jedem Menschen angelegt hat«. Für ihn war die Natur auf ebenso innige wie geheimnisvolle Weise mit Moral und Intuition verknüpft. Nach seinem Willen sollte Yosemite genauso erhalten werden, wie er es vorgefunden hatte, wenn auch mit gewissen Abstrichen zugunsten der zum Empfang von Besuchern erforderlichen Infrastruktur. Er sah Yosemite und die Mariposa Grove als »Naturwissenschaftliches Museum« und erkannte die Notwendigkeit, die Besonderheiten der Felsformationen, Bäume, Pflanzen und Tiere vor »schlechtem Geschmack, der Verspieltheit, Fahrlässigkeit und mutwilligen Zerstörungswut« der Besucher zu schützen. Olmsted:

F. F. Palmer, Yosemite Valley, Kalifornien: »The Bridal Veil«, 1866 (mit freundl. Gen. der Library of Congress)

> Es ist erst 16 Jahre her, seit der erste Weiße Yosemite sah, und seither haben viele Besucher die Tausende von Meilen lange Reise und die erheblichen Kosten auf sich genommen, um das Tal zu sehen. Schon heute kommen jährlich Hunderte allen Widrigkeiten zum Trotz dorthin. Schon in wenigen Jahren, sobald geeignete Einrichtungen dafür vorhanden sind, werden Tausende kommen, und in 100 Jahren wird die Gesamtzahl der Besucher Millionen betragen. Eine geringfügige Verunstaltung der Landschaft, die heute keinem Besucher auffällt, würde von all diesen Menschen millionenfach vervielfältigt.[4]

DURCH DIE FERTIGSTELLUNG DER ERSTEN TRANSkontinentalen Eisenbahn von Omaha, Nebraska, bis Sacramento, Kalifornien, rückte der Westen Amerikas für die meisten Bürger zum ersten Mal in Reichweite. Reisen war nun schnell, bequem und sicher. Endlich konnte man mit eigenen Augen die wundervollen Landschaften sehen, die einem überall von Zeitungen, Zeitschriften, Gemälden und Fotos entgegenlachten. Zunehmender Wohlstand, ein neues Freizeitverhalten und stetig sinkende Kosten ermöglichten erstmals Urlaubsreisen. Der Ausbruch des Deutsch-Französischen Krieges 1870 machte Europareisen für Amerikaner unattraktiv, statt dessen entschlossen sich viele zu einer Fahrt in den Westen. Die Eisenbahngesellschaften taten alles, damit Touristen genau die Landschaften vorfanden, die sie erwarteten. Natürlich war eine solche Reise nicht für jedermann erschwinglich. Um 1870 dauerte die Fahrt von New York nach Kalifornien und zurück über einen Monat und kostete 1.200 Dollar. Nur müßige und wohlhabende Touristen konnten sich den damit verbundenen Zeit- und Geldaufwand erlauben.

An der Ostküste durchgeführte Werbekampagne »See America First« der Great Northern Railway für den Glacier National Park, 1920er Jahre (mit freundl. Gen. des Autry Museum of Western Heritage, Los Angeles)

Werbebüros vertrieben Reiseführer, noch bevor der erste Zug über die Schienen der Union Pacific Railroad rollte. Der erste stammte vermutlich von George A. Crofutt. Sein »Transcontinental Tourist Guide« ging in den 70er Jahren des 19. Jahrhunderts insgesamt fast 350.000 Mal über den Ladentisch. Die Touristen wollten beeindruckt und vor allem unterhalten werden. Die Reiseführer priesen Bahnreisen nach Westen als gekonnt gestaltetes Panorama an, in dem sich schöne Landschaften und aufregende Sehenswürdigkeiten vor den Augen des Publikums aneinanderreihten. Die Werbeleute gaben sich viel Mühe, zahlungskräftigen Reisenden Naturwunder nahe zu bringen. Eine Hauptattraktion war der Yellowstone National Park, der in »The Pacific Tourist« als Paradies für Jäger und Angler beschrieben wurde, in dem sich »Elche, Rehe, Antilopen und Niederwild in Massen tummeln; alle Bäche und Seen quellen über vor Fischen«. Künstlern und Naturliebhabern versprach der Reiseführer …

> … die Schönheit großartiger Panoramen und wundervoller Landschaften in einer Kombination, wie man sie anderswo nur selten findet. Schneebedeckte Berge türmen sich majestätisch über dem Tal auf, ihre Gipfel scheinen die Wolken zu durchstoßen, während sich Bäche zu ihren Füßen in die Tiefen dunkler Canyons ergießen, dann wieder in anmutigen Windungen durch Täler mit lieblichen grünen Wiesen schlängeln, sich hier und da zu stillen Seen mit kieferbestandenen Ufern erweitern oder in malerische Wasserfälle und Stromschnellen münden.[5]

IN PUNCTO YELLOWSTONE GINGEN FREDERICK LAW Olmsteds Theorien über die wohltuende Wirkung einzigartiger Landschaften Hand in Hand mit der Idee, der Fortschritt Amerikas könne dieses arkadische Paradies in eine von Menschen gestaltete Wildnis verwandeln. Jay Cooke, der Direktor der Northern Pacific Railroad, unterstützte den Plan, Yellowstone zu Amerikas erstem Nationalpark zu machen, um Investoren den Bau einer Eisenbahn von Minneapolis in Minnesota nach Tacoma, Washington, schmackhaft zu machen. 1870 engagierte er Nathaniel P. »National Park« Langford, der für ihn Artikel über seine Touren durch das Yellowstonegebiet schreiben und in Washington, New York und Philadelphia eine Vortragsreihe halten sollte. Hiram Chittenden zitiert Langford in »The Yellowstone National Park«:

Carleton Watkins, Yosemite Falls, 1866 (mit freundl. Gen. der Library of Congress)

Stereograph von Underwood & Underwood, Theodore Roosevelt und John Muir am Glacier Point im Yosemite National Park, 1903 (mit freundl. Gen. der Yosemite Research Library, Yosemite National Park)

> Dies dürfte die Region mit den erstaunlichsten Naturwundern der Welt sein, und obwohl wir bereits Niagara und Yosemite haben, sollte dieses neue Paradies umgehend von der normalen Nutzung ausgenommen und als Nationalpark geschützt werden, damit sich das amerikanische Volk für immer daran erfreuen kann.[6]

Langford war jedoch nicht der erste Befürworter des Yellowstone National Park. Dieses Verdienst kommt Richter William D. Kelly zu, der diesen Vorschlag an Jay Cookes Handelsvertreter A.B. Nettleton richtete. Nettleton griff die Idee seinerseits in einem Schreiben an Ferdinand V. Hayden auf, dem Chefgeologen der United States Geological Survey. Haydens Vermessungsbericht stellte 1871 die erste konkrete Erforschung des Yellowstone dar. Er enthielt Berichte von Topographen, Botanikern, Meteorologen, Mineralogen, Landwirtschaftsstatistikern und Entomologen. Auch der bekannte Fotograf William H. Jackson gehörte zu Haydens Team, ebenso wie der Künstler Thomas Moran, für dessen Spesen die Northern Pacific Railroad aufkam.

Nach seiner Rückkehr nach Washington stellte Hayden in der Rotunde des Kapitols geologische Proben zusammen mit Jacksons Fotos und Morans Zeichnungen aus. Die Kongreßabgeordneten erhielten Exemplare der offiziellen Untersuchungsberichte und von Langfords Aufsatz »The Wonders of the Yellowstone«, der in »Scribner's Monthly« erschien. In »Wonders of the West – II: More about the Yellowstone«, einem weiteren Artikel in dieser Zeitschrift, fragte Hayden offen: »Warum stellt der Kongreß der Öffentlichkeit das Yellowstonegebiet nicht unverzüglich per Gesetz für alle Zukunft als großen Park zur Verfügung, so wie es mit dem weit weniger wertvollen Naturwunder des Yosemite Valley bereits geschehen ist?«[7]

Am 1. März 1872 gründete Präsident Ulysses S. Grant den ersten Nationalpark und stellte per Gesetz »einen bestimmten Landstrich im Quellgebiet des Yellowstone River als … öffentlichen Park oder Vergnügungspark zum Nutzen und zur Erbauung der Menschen«[8] zur Verfügung. Die Eisenbahngesellschaften scheuten keine Kosten und Mühen, um Yellowstone zur Touristenattraktion zu machen. Mehrfarbdrucke, spannende und reich bebilderte Reiseführer, stereoskopische Karten und Postkarten machten Reisende und solche, die es gern gewesen wären, mit Amerikas erstem Nationalpark vertraut. Zu den Themen gehörten neben den Naturschönheiten auch die Eisenbahnverbindungen sowie das Hotel- und Gaststättenangebot.

Der Weg zum Yellowstone National Park war jedoch zunächst beschwerlich. Die einzige Verbindung war eine staubige, holperige Kutschfahrt ab Virginia City oder Bozeman, Montana. Dies änderte sich erst 1883 mit der Fertigstellung einer Nebenlinie der Northern Pacific Railroad, die von Livingston bis Cinnabar, Montana, führte. Für Modernisierungen gründeten die Aktionäre der Northern Pacific die Yellowstone Park Improvement Company und beauftragten den Architekten L.F. Buffington aus St. Paul mit der Planung des National Hotel im Queen-Anne-Stil. Das für 800 Gäste konzipierte Haus lag an den Mammoth Hot Springs, die Cinnabar am nächsten gelegene Hauptattraktion.

Fremdenführer holten die Reisenden vom Bahnhof ab, brachten sie zum Hotel und geleiteten sie durch den Park. Angeboten wurde nach dem Vorbild der Europareisen, jedoch zu Geysiren und heißen Quellen anstelle von Kathedralen und Schlössern, eine »große Tour« durch den Yellowstone. 1884 betrieb William Walle Wylie Zelthotels als preiswerte Unterkünfte für weniger verwöhnte Reisende, die zur Besichtigung von Yellowstone »Wylies Methode« bevorzugten. Die ersten Touristen kamen noch in den Genuß von Badehäusern in den Geysirbecken. Man konnte auch zu Pferd in den Grand Canyon des Yellowstone hinabreiten, wie man die Schlucht nun bezeichnete. Eine weitere Attraktion war die Bärenfütterung, die jedoch bald Probleme bereitete.

1903 beauftragte die Yellowstone Park Association (als Nachfolgerin der Yellowstone Park Improvement Company) den Architekten Robert Reamer aus Seattle mit dem Entwurf und Bau des Old Faithful Inn. Das neue Hotel innerhalb des Oberen Geysirbeckens war für Touristen aus dem Westen gedacht. Schon 1908 brachte die Union Pacific Railroad Fahrgäste zur »Torgemeinde« West Yellowstone. Später führte die Burlington Line bis Cody, Wyoming; von dort reiste man per Bus zum Osteingang des Yellowstone.

Bis 1910 konnten durch gezieltes Lobbying mit Unterstützung von sechs transkontinentalen Eisenbahngesellschaften acht Nationalparks gegründet werden. Allein in Kalifornien entstanden 1890 Sequoia, General Grant (der 1940 dem Kings Canyon National Park einverleibt wurde) und Yosemite. John Muir argumentierte, Kalifornien könne das Yosemitetal, eine 1,5 km breite und gut 11 km lange Schlucht – nicht mehr als ein Prozent des heutigen Parks – nur dann bewahren, wenn zugleich die zugehörigen Quellen in der Sierra, die Gipfel, Bergwiesen und alten Wälder geschützt wurden, wo sich das Wasser sammelt, bevor es über Wasserfälle zu Tal tost. 1906 stimmte der Staat Kalifornien der Eingliederung des Yosemite Valley in den Yosemite National Park zu, und schon in der Folgesaison konnten Reisende in Merced von der Hauptstrecke der Southern Pacific Railroad in die Yosemite Valley Railway umsteigen, die sie bis zum Parktor in El Portal brachte. Die Southern Pacific Railroad gab sich viel Mühe, Yosemite als Touristenattraktion publik zu machen. Sequoia, Grant Grove und Kings Canyon waren weiterhin schlecht erreichbar und verzeichneten deshalb weit weniger Besucher.

Im Nordwesten der Pazifikregion gewann Mount Rainier 1899 den Status eines Nationalparks. Für diesen ungeheuren, 4.392 m hohen Vulkankegel bei Seattle rührte die Northern Pacific mit einer Reiseführer-Reihe namens »Wonderland« jahrelang die Werbetrommel. Die Anbindung des Parks erfolgte letztlich durch die zur Chicago, Milwaukee & Puget Sound Railway gehörende Tacoma Eastern Railway. Für Touristen wie Joseph Hazard war die Hauptattraktion am Mount Rainier das Bergsteigen. Er schrieb dazu:

> Beim Klettern geht es dem echten Bergsteiger nicht darum, irgendwo anzukommen, sondern nur darum, unterwegs zu sein. Beim Aufstieg zum Gipfel des Mount Rainier lassen wir für zwei Tage unsere prosaische Existenz hinter uns. Wir betreten eine unwirkliche Welt, ein von allem Tand befreites Reich des Idealen. Stunde um Stunde steigen wir auf, während unser Geist angesichts der ständig wechselnden Ausblicke und der stets weiter werdenden Panoramen zu Höhenflügen ansetzt.[9]

Crater Lake mit seiner 55 km² großen, tiefblauen Wasserfläche in einem erloschenen Vulkan im Süden Oregons wurde 1902 als sechster Nationalpark gegründet. Vor allem die Southern Pacific Railroad bewarb den See als Reiseziel. Als siebter Park wurde 1903 Wind Cave in South Dakota von Präsident Theodore Roosevelt eingerichtet. Erstmals wurde damit eine Höhle unter Naturschutz gestellt.

1906 erließ der Kongreß ein »Gesetz zur Erhaltung amerikanischer Altertümer«, das den Präsidenten ermächtigte, zur Bewahrung der Stätten von wissenschaftlichem, historischem oder prähistorischem Wert Nationaldenkmäler einzurichten. Dieser American Antiquities Act verknüpfte den Erhalt des kulturellen Erbes mit dem Schutz natürlicher Ressourcen (auf dieser Basis setzte die Regierung Carter den Bau der Trans-Alaska-Pipeline bis zur Entscheidung über ungeklärte Grundbesitzansprüche indianischer Anrainer aus). Das Gesetz ermächtigte Präsident Theodore Roosevelt dazu, nach eigenem Gutdünken Nationaldenkmäler zu errichten.

Die Mesa Verde mit ihren prähistorischen Stätten und mehrstöckigen Felsbauten, die oberhalb des Montezuma Valley in Süd-Colorado in flache Höhlen hineingebaut wurden, war der erste Nationalpark, der »ausdrücklich zum Schutz der Ruinen und anderer Zeugnisse vor- oder frühgeschichtlicher Menschen vor Beschädigung oder Plünderung«[10] diente. Der Innenminister genehmigte offizielle Untersuchungen der Ruinen durch anerkannte Archäologen, etwa Dr. J. Walter Fewkes von der Smithsonian Institution. Fewkes und andere in Mesa Verde tätige Archäologen erläuterten die Ruinen und die Kultur der indianischen »Cliff Dwellers« auch Touristengruppen. In ihrem Buch »Our Trip to Mesa Verde« schildert Ruth Miller ihre Begegnung mit Fewkes: »Unmittelbar vor unserer Ankunft hatten sie acht Keramiken, Mais, Federn, Tuch, Gerätschaften, Schädel, Knochen etc. ausgegraben. Dr. Fewkes erklärte uns diese Dinge eingehend und kletterte dann auf die Felswand, um sich fotografieren zu lassen.«[11]

Der Schutz der prähistorischen Kulturen von Mesa Verde gab den Amerikanern eine Geschichte, auf die sie sich für ihre eigene kulturelle Identität berufen konnten. Die Altertümer boten eine Verknüpfung mit Wurzeln, die nicht in Europa, sondern in der Neuen Welt lagen. Ebenso bildeten die indianischen Ureinwohner im Südwesten ein Bindeglied zu einer eigenen amerikanischen Geschichte: Hopi, Navajo und Puebloindianer lebten vor, daß man auch ohne den Aufwand der Moderne auskommen konnte. Neue ethnologische und archäologische Funde und Publikationen lieferten weitere Argumente für den aktiven Naturschutz. Der moderne Mensch konnte sich nur dann nach indianischem Vorbild durch Kontakt mit der Wildnis verjüngen,

Dr. J. Walter Fewkes, Leiter des Bureau of American Ethnology, aus »The Preshistoric Cliff Dwellings of Mesa Verde National Park, Colorado«, um 1920 (mit freundl. Gen. des Autry Museum of Western Heritage, Los Angeles)

William Henry Jackson, Packzug der Landvermesser der U.S. Geological Survey am Ufer des Yellowstone River, 1871 (mit freundl. Gen. der Library of Congress)

Unbekannter Fotograf: Stephen T. Mather, 1920er Jahre (mit freundl. Gen. der Library of Congress)

wenn es die entsprechende Wildnis auch gab. Der Schutz der Wildgebiete wurde zum erklärten Ziel von Sportvereinen wie dem Appalachian Mountain Club, Boone and Crocket Club, Sierra Club und dem Mazamas Club aus Oregon.

Die Atchison, Topeka & Santa Fe Railway reagierte rasch auf das öffentliche Interesse an Indianerkulturen. Von 1896 bis 1920 baute die Gesellschaft 17 große Hotels und ebenso viele Bahnhöfe im »Missionsstil«. Mit der Fred Harvey Company als Partner plante die Eisenbahngesellschaft Abenteuerreisen durch den Südwesten. Die Touristen konnten unterwegs die Kulturen, Werte und Bilder der Indianer New Mexicos und Arizonas kennenlernen und dabei gutes Essen, saubere Unterkünfte und den ausgezeichneten Service der »Harvey Girls« genießen. Der Südwesten wurde als »Indian Detour«, als lohnender Umweg auf der Strecke von Chicago nach Los Angeles ausgelobt; Hauptattraktion war der Grand Canyon des Colorado im Norden Arizonas.

Als spektakuläres Beispiel für Erosionsformationen bot der Grand Canyon Besuchern unvergeßliche Ausblicke. Zwar wurde er erst 1919 Nationalpark, doch die Santa Fe Railway begann mit der Bewerbung dieses Reiseziels schon kurz nach der Eröffnung der Nebenstrecke, die ab 1901 von Williams in Arizona zum Südrand des Canyons führte. Die Gesellschaft beauftragte Charles Whittlesey mit dem Entwurf für das extravagante El Tovar Hotel, das Elemente eines Schweizer Chalets mit denen eines norwegischen Landhauses vereinigte und im Innern eine Vielzahl von Stilen und Epochen aufwies. Bei Eröffnung des El Tovar 1905 bot die Fred Harvey Company bereits ein Tourpaket an, bei dem neben bequemem Reisen und luxuriöser Unterbringung großartige Landschaften und aufregende Geschichte auf dem Programm standen.

Gegenüber dem El Tovar entstand das Hopi House, dessen Entwurf und Ausstattung die Architektin Mary Jane Colter übernahm. Das Gebäude sollte indianische Kunsthandwerker beherbergen, die dort im Einklang mit dem Grand Canyon leben und arbeiten sollten. Colter gestaltete das Gebäude nach einem Vorbild aus dem Hopi-Dorf Old Oraibi. Es sollte ein Ort sein, an dem die Touristen den Indianern bei ihren Tänzen und bei Alltagstätigkeiten wie dem Weben von Decken, Silberschmieden, Töpfern oder Kochen zusehen konnten. Der unterhaltsame wie informative Band »El Tovar, Grand Canyon of Arizona« beschreibt das Hopi House wie folgt:

> In mehreren Räumen des Hopi House sind seltene, teure Stücke aus indianischem und mexikanischem Kunsthandwerk zu sehen. Hier ist etwa Harveys Sammlung kostbarer alter Navajodecken ausgestellt, die bei der Louisiana Purchase Exposition den großen Preis gewann. Daneben gibt es einen Verkaufsraum, in dem hochinteressantes echtes Kunsthandwerk von Indianern aus dem gesamten Süd- und Nordwesten der Region sowie aus Mexiko zum Kauf angeboten wird.[12]

DAS HOPI HOUSE WAR VON ENTSCHEIDENDER Bedeutung für das Vorhaben der Fred Harvey Company, neue Märkte für indianisches Kunsthandwerk aus dem Südwesten zu schaffen und auszubauen. Das Klischee des im Einklang mit der Natur lebenden Indianers wurde im gesamten Südrand des Grand Canyon mit einer Reihe von Aussichtspunkten aufgegriffen, die Colter eigens entworfen hatte: Lookout Studio (1914), Hermit's Rest (1914), Desert View Watchtower (1932) und Bright Angel Lodge (1935).

Auf einzigartige Weise gelang es Louis W. Hill, Elemente der Kultur der Schwarzfußindianer bei touristischen Anlagen, Programmen und Marketingplänen der Great Northern Railway für den Glacier National Park in Montana auszuschlachten. Als Präsident der Eisenbahngesellschaft förderte Hill 1910 die Gründung des Nationalparks, weil die Landschaft mit ihren Hunderten von Seen, Dutzenden von Gletschern und den schroffen Berggipfeln ein ideales Reiseziel für seine Fahrgäste bildete. Hill engagierte den Künstler Wienold Reiss und ließ ihn Bilder von Schwarzfußindianern anfertigen, die in Werbekampagnen der Great Northern Railway für die Kampagne »See America First« und die »National Park Route« Reklame machen sollten. Hill wußte, daß die wohlhabende Klientel der Great Northern Railway sehr hohe Ansprüche an Hotels stellte, und eröffnete deshalb 1913 die Glacier Park Lodge. Schon bald wurde das Haus für Reisende aus dem Osten das Tor zum Glacier National Park. Ende 1914 öffnete das Many Glacier Hotel am Ufer des Swiftcurrent Lake seine Pforten. Eine Reihe einsam gelegener Hütten, die nur zu Fuß oder mit dem Boot zu erreichen waren, bildeten das Bindeglied zwischen beiden Hotels.

Foto von Allan Rinehart, Acadia National Park, Maine, 1934 (mit freundl. Gen. des National Park Service)

Für viele war die Fahrt von der Glacier Park Lodge zum Many Glacier Hotel ein einzigartiges Naturabenteuer. Mary Roberts Rinehart fing die Stimmung ihrer Reise von 1913 in ihrem Buch »Through Glacier Park« ein: »Am zweiten Tag breitete sich ein ganz neues körperliches Wohlgefühl aus, und das, obwohl ich einen Sonnenbrand hatte, der mein Gesicht wie einen entzündeten Zahn anschwellen ließ. Schon gehörten Telefone, Dinnereinladungen und Gesichtspuder der fernen Vergangenheit an.«[13] Nach Abschluß der Reise wurde Rinehart für alles entschädigt, als »am Bahnhof Glacier Park meine Garderobe, die ich wochenlang nicht gesehen hatte, in den Zug geladen wurde. Völlig zu recht sagt man, im Westen wüßte man einen zu bedienen. Alles war geplättet, sogar meine Schuhe waren auf Hochglanz poliert.«[14] 1927 vollendete Louis Hill sein letztes Vorhaben, das Prince of Wales Hotel im Waterton National Park im angrenzenden kanadischen Bundesstaat Alberta. Die Existenz gleichwertiger Luxusherbergen beiderseits der Grenze erleichterte 1932 die Verschmelzung der beiden Parks zum Waterton-Glacier International Peace Park.

Während Louis Hill sich mit der Erschließung der Attraktionen im Glacier Park beschäftigte, versuchte John Muir zusammen mit anderen Naturschützern, das im Rahmen des Yosemite unter Schutz stehende Hetch Hetchy Valley davor zu bewahren, als Staubecken für die Wasserversorgung San Franciscos mißbraucht zu werden. Der Feldzug zur Rettung von Hetch Hetchy ging quer durch die US-Presse und wurde überall von Naturschützern mit lebhaftem Interesse verfolgt. Die Debatte über den Staudammbau machte die ideologische Kluft deutlich, die sich durch das Lager der Naturschützer zog: auf der einen Seite die Umweltschützer, denen es um die Erhaltung öffentlicher Gebiete im Naturzustand ging, und auf der anderen die Pragmatiker, die sich für eine nachhaltige Nutzung natürlicher Ressourcen zum Vorteil der Bevölkerung aussprachen. Die Kontroverse wird deutlich in Texten wie John Muirs »Let Everyone Help to Save the Famous Hetch Hetchy Valley and Stop the Commercial Destruction Which Threatens Our National Parks« (1911) und »Water and Power for San Francisco from Hetch Hetchy Valley in Yosemite National Park« von Martin Vilas (1915).[15]

Mit dem Raker Act genehmigte der Kongreß schließlich San Francisco den Staudammbau am Hetch Hetchy, und Präsident Woodrow Wilson unterzeichnete das Gesetz am 19. Dezember 1913. Für die Naturschützer war dies zwar ein schwerer Rückschlag, doch hatte die Debatte den Nebeneffekt, daß die Bewegung sich schneller organisierte. Die Rolle des Naturschutzes in den Nationalparks gewann für viele eine neue Dimension. Der Verlust von Hetch Hetchy mündete in die Forderung nach einer unabhängigen Stelle auf Bundesebene, die für Schutz und Pflege der Nationalparks zuständig sein sollte.

1916 ratifizierte der Kongreß den National Park Service Act und schuf damit einen dem Innenministerium unterstellten National Park Service. Diese bahnbrechende Gesetzesneuerung war das Ergebnis eines von der Gründung des Yellowstone National Park bis zur Bildung einer ausschließlich für die Belange der Parks zuständigen Behörde 40 Jahre dauernden Denkprozesses. Die Aufgabe des neuen National Park Service war wie folgt definiert:

> ... die Nutzung der als Nationalparks bezeichneten staatlichen Grundflächen, der Denkmäler und Reservate zu fördern und zu regeln ... mit Mitteln und Maßnahmen, die mit der grundsätzlichen Bestimmung solcher Parks, Denkmäler und Reservate in Einklang stehen; diese Bestimmung besteht darin, die Landschaft sowie die natürlichen und historischen Objekte sowie die Flora und Fauna darin zu erhalten und ihre Nutzung so zu gestalten, daß sie auch künftigen Generationen uneingeschränkt zur Verfügung stehen werden.[16]

ZUM LEITER DES NATIONAL PARK SERVICE WURDE Stephen T. Mather berufen. Der aus Chicago stammende Geschäftsmann und Absolvent der Universität Kalifornien hatte bis 1914 mit Borax ein kleines Vermögen gemacht. Wie sein Biograph Robert Shankland schildert, war Mather »auf dem Höhepunkt des Erfolgs, 47 Jahre alt, ein überaus sympathischer, energiegeladener, vorwärtsdrängender Mann, aber auch ein wenig ruhelos und auf der Suche nach neuen Welten, die es zu erobern galt.«[17]

Unbekannter Fotograf: Record Group 79, öffentliche Bärenfütterung im Yellowstone National Park, 1920er Jahre (mit freundl. Gen. der National Archives and Records Administration, Yellowstone National Park)

Als Leiter der neuen Behörde setzte Mather die Ziele für den National Park Service (NPS) fest. Dabei ging es ihm vor allem darum, in der Öffentlichkeit Sympathien für die Parks zu wecken. Der Kongreß lehnte die Bereitstellung umfangreicher Mittel zur Erhaltung der Parks ab, solange keine öffentliche Unterstützung ersichtlich war. Steigende Besucherzahlen schienen also das zugkräftigste Argument zu sein. Zu diesem Zweck bemühte sich Mather, Ressourcen anderer Art zu erschließen, indem er neue Hotels und Gasthöfe errichten, die bestehenden Betriebe verbessern sowie das Straßennetz ausbauen ließ. Der grundsätzliche Widerspruch zwischen der Tourismusförderung und den Bemühungen um den Naturschutz in den Parks war den meisten Naturschützern allerdings nur allzu bewußt.

Jack Timeche mit einem Kunden im Watchtower-Souvenirladen, Grand Canyon National Park, 1930er Jahre (mit freundl. Gen. des Grand Canyon National Park)

Um die Werbetrommel für die Parks zu rühren, wandte sich Mather an Bekannte bei Zeitungen der Ostküste und die Herausgeber führender Zeitschriften. Er überredete Robert Sterling Yard, seine Stelle als Herausgeber des New York Herald zu kündigen, und machte ihn zum Leiter des NPS-Informationsbüros. Yard schrieb eine Reihe von Aufsätzen, die zum National Parks Portfolio zusammengestellt wurden. Er pries die Parks als »America's Playgrounds«, nationale Spielwiesen, und hatte dabei ein Publikum im Sinn, das genügend Geld besaß, um sich Reisen erlauben und zudem auch die Parks finanziell unterstützen zu können. Mather brachte Schriftsteller wie den Romancier Emerson Hough dazu, Artikel für die Saturday Evening Post und andere bekannte Zeitschriften zu verfassen. Gilbert Grosvenor, der Herausgeber des National Geographic, widmete 1916 einen Großteil der Aprilausgabe den Nationalparks. Einige Zeitungen im Mittleren Westen, allesamt im Besitz eines Bekannten von Mather, druckte eine ganze Artikelserie.

Gegen den Widerstand einiger Naturschützer war Mather überzeugt, daß die Parks mehr und bessere Straßen sowie neue Hotels und Gaststätten benötigten. Der Erste Weltkrieg hatte den Amerikanern Reisen nach Europa gründlich verdorben, und Mather nutzte den Einschnitt: Er ermunterte sie, sich erst einmal die Heimat anzusehen – »See America First«. In Denver sorgte Mather für die Gründung der National Park-to-Park Highway Association, eines Verbandes zur Förderung eines 5.600 km langen Straßennetzes zwischen den Nationalparks der Rocky Mountains und der Gebirge von North Cascades, Olympic und Sierra. Als Innenminister Franklin Lane die Yellowstone-Straßen 1915 für den privaten Autoverkehr freigab, entdeckten die Amerikaner bald das Vergnügen einer Automobiltour durch die Nationalparks. Die Resonanz war so groß, daß alle übrigen Entwicklungsprojekte fortan darauf abgestimmt wurden; neue Einrichtungen und Serviceangebote von Tankstellen bis zu Autocampingplätzen wurden den Parks aufgepfropft. Autotouristen hatten die gleiche geographische Reichweite wie mit der Eisenbahn, ohne aber auf vorgegebene Strecken oder Fahrpläne angewiesen zu sein. Sie fuhren nach ihrem persönlichen Zeitplan, wann und wohin sie wollten.

Mather erkannte, daß sich mit der Freigabe der Nationalparks für den Autoverkehr die Besucherzahlen erhöhen und damit die Voraussetzungen schaffen ließen, um die Zukunft aller Parks zu sichern. Mit dem Straßenbau und dem

Earl E. Evans für Record Group 79, Autos auf einem Parkplatz während der Fütterung der Canyon-Bären am Otter Creek im Yosemite National Park, 1935 (mit freundl. Gen. der National Archives and Records Administration, Yellowstone National Park)

Unbekannter Fotograf, Bergsteiger auf dem Tyndall-Gletscher im Rocky Mountain National Park, 1916 (mit freundl. Gen. des National Park Service)

Unbekannter Fotograf, Phantom Ranch, Entwurf von Mary Jane Colter, am Bright Angel Creek auf dem Grund des Grand Canyon von Arizona, 1932 (mit freundl. Gen. des Autry Museum of Western Heritage, Los Angeles)

verbesserten Serviceangebot wurden die Nationalparks in den 1920er Jahren erstmals auch für Amerikaner der Mittelschicht erreichbar und erschwinglich. Die Besucherzahlen stiegen von 356.097 im Jahr 1916 auf 2.774.561 im Jahr 1930.[18] Die neue Zielgruppe war für die spirituellen Werte der Natur ebenso aufgeschlossen wie die Besucher davor. Auch sie fühlte sich in ihrem Nationalbewußtsein bestärkt und setzte die Identität Amerikas in Bezug zu seinen Nationalparks. Auf den Highways wollten die Autotouristen nacherleben, wie die Pioniere einst die Grenzen der Kultur immer weiter in die Wildnis vorgeschoben hatten. In einer Welt vor der Erfindung von Motels und Fast food waren diese nach dem wilden Beifuß benannten »sagebrusher« auf eigene Faust unterwegs und schlugen ihre Zelte einfach am Straßenrand auf. Viele wurden zu begeisterten Naturschützern.

Angesichts steigender Besucherzahlen erhöhte der Kongreß die Mittel für die bestehenden Nationalparks und gründete sogar neue, darunter Rocky Mountain, Colorado (1915), Hawaii (1916), Lassen Volcanic, Kalifornien (1916), Mount McKinley, Alaska (1917, seit 1980 Teil des Denali), Grand Canyon, Arizona (1919), Zion, Utah (1919), Hot Springs, Arkansas (1921) und Bryce Canyon, Utah (1928). Dank dieser neuen Parks hatten die Amerikaner eine größere Auswahl an Zielen, förderten zugleich die Entwicklung und sorgten dafür, daß die dringend benötigten Touristendollars auch in abgelegene, dünn besiedelte Gebiete flossen.

Motorisierte Touristen waren meist im Westen geboren oder aus den Oststaaten zugezogen und lebten in rasch expandierenden Ballungsgebieten wie Los Angeles, Seattle oder Phoenix. Sie genossen das aktive Leben in der freien Natur und suchten die sportliche Betätigung. Sie besuchten während ihrer zweiwöchigen Sommerferien Yosemite, Mount Rainier und Grand Canyon, ohne lange, teure Zugfahrten quer durch das ganze Land in Kauf nehmen zu müssen. Für viele wurden Touren durch die Parks zu alljährlich wiederkehrenden Ritualen. Mit dem »Abklappern« der Nationalparks verliehen sie dem Freiluft-Erholungswert von »Amerikas Spielplätzen« eine ganz neue Dimension. Mit der zunehmenden Beliebtheit von Camping, Wandern, Bergsteigen, Angeln, Rucksacktourismus, Reiten, Skifahren und Wildwasserfahren verdrängten die sportlichen Freizeitaktivitäten zunehmend die passiveren, eher introvertierten Genüsse vorheriger Generationen. In den 1920er Jahren waren Autofahrten und Familiencamping in Nationalparks auf dem besten Weg, zu festen amerikanischen Institutionen zu werden.

Unbekannter Fotograf, im warmen Wasser des Great Fountain Geyser watende Besucher im Yellowstone National Park, vor 1915 (mit freundl. Gen. der Yellowstone National Park Museum Record Group 79)

Die Rockefellers, Morgans, Fords, Vanderbilts, Astors und Carnegies, die den Sommer regelmäßig auf Mount Desert Island in Maine verbrachten, unterstützten Mather bei der Gründung des ersten Nationalparks an der Ostküste. George B. Dorr, der Leiter der Hancock County Trustees of Public Reservations, half Mather, indem er der Bundesregierung 2.430 ha Land auf dem Mount Desert Island schenkte. Selbst nachdem Präsident Wilson den Gesetzentwurf zur Schaffung des Sieur de Monts National Monument unterzeichnet hatte, kaufte Dorr weiter Grundbesitz auf in der Hoffnung, für die Insel einen Status als Nationalpark zu erlangen, was schließlich 1919 geschah, als Wilson die Gründung des Lafayette National Park, des ersten Nationalparks östlich des Mississippi, bekanntgab. Dorr, der den Ruf der »größten Einmannshow in der Geschichte des Naturschutzes« besaß, wurde dann auch Direktor des 1929 in Acadia National Park umbenannten Parks.[19]

Um mehr Touristen anzulocken, plante Mather die Gründung weiterer Parks östlich des Mississippi, die von Boston, New York, Philadelphia und anderen Ballungsgebieten gut mit dem Auto erreichbar sein sollten. Autotouristen an der Ostküste sollten die Gesamtbesucherzahlen steigern und so im Kongreß eine bessere Lobby für die Parks im allgemeinen schaffen. Mather bemühte sich um den Schutz der Great Smoky Mountains in North Carolina und Tennessee, Shenandoah (Virginia), Mammoth Cave (Kentucky) und der Everglades in Florida. Dennoch vergingen mehrere Jahre, bevor er im Kongreß genügend Befürworter für die Gründung dieser Parks fand.

Im Januar 1929 trat Stephen Mathers langjähriger Assistent Horace Albright dessen Nachfolge an der Spitze des National Park Service an. Er bemühte sich um eine Konsolidierung der Gewinne und setzte sich insbesondere für die seit 1916 neu gegründeten Parks ein. Er empfahl eine Ausweitung der Grenzen bestimmter Parks und beaufsichtigte die Gründung von drei neuen Parks, nämlich Grand Teton, Wyoming (1929), Carlsbad Caverns, New Mexico (1930) und Isle Royale, Michigan (1931). Albright überredete Präsident Franklin D. Roosevelt, dem National Park Service auch historische Monumente, Schlachtfelder, Denkmäler und historische Stätten zu übertragen, die bis dato dem Kriegsministerium und anderen Bundesbehörden unterstanden hatten. Alles in allem gewann der National Park Service damit 48 Objekte sowie fast 700 Gebäude im District of Columbia hinzu. Mit einer von Präsident Franklin D. Roosevelt erlassenen Durchführungsverordnung wurde dem NPS die Verwaltung der historischen und archäologischen Bauten und Stätten im ganzen Land übertragen. Mit zunehmendem Einfluß wurde der National Park Service stark genug, sich fortgesetzten Versuchen einer Verschmelzung mit anderen Behörden zu widersetzen.

Nach 1933 schuf Albrights Nachfolger Arno Cammerer mit der Gründung des Civilian Conservation Corps (CCC) Arbeitsplätze für Millionen arbeitsloser junger Männer aus Amerikas Städten. Dank dieser Naturschutzbehörde machten von 1933 bis 1942 zahlreiche junge Arbeiter jeder Rasse, Abstammung und Herkunft erstmals Bekanntschaft mit den Nationalparks. Das CCC stellte Arbeitskräfte zum Bau von Schutzhütten, Picknick- und Campingplätzen, Schwimmbädern, Fußwegen, Aussichtspunkten und anderen Freizeiteinrichtungen der Nationalparks bereit. Es gab Trupps, die Wasserleitungen und Abwassersysteme errichteten, Bäche und Seen mit Fischen besetzten, historische Gebäude restaurierten, Museen zusammenstellten, Straßen und Brücken bauten, Bäume pflanzten, den Boden gegen Erosion schützten und die Mückenplage bekämpften. 1935 waren über 500 Camps an Projekten des National Park Service beteiligt. Während seines neunjährigen Bestehens absolvierte das CCC ein Programm, für das man unter normalen Umständen 50 Jahre gebraucht hätte.

Die vom CCC errichteten touristischen Einrichtungen waren auf Massenurlaub und Autotourismus ausgelegt. In »World's Work« beschrieb Horace Kephart beispielsweise einen über 56 km langen »Skyline-Highway«, der in den Great Smoky Mountains vom Indian Gap bis zum Tennessee River führen sollte:

> Von vielen Punkten der Skyline Road aus wird man hundert Meilen weit über das Tal der Appalachen bis zu den blauen Cumberlands am westlichen Horizont blicken können. Nach Osten hin werden Besucher ein Meer waldbedeckter Hügel erleben, so weit das Auge reicht. Manchmal werden sich die Besucher auf ihrer Fahrt über den Wolken bewegen, manchmal vielleicht so bemerkenswerte Phänomene wie Gewitter oder Regenbogen weit unter sich in den Tälern beobachten können.[20]

Der Kongress genehmigte in dieser Zeit die Einrichtung von fünf weiteren Parks – Great Smoky Mountains, North Carolina und Tennessee (1934), Shenandoah, Virginia (1935), Olympic, Washington (1938), Kings Canyon, Kalifornien (1940) und Mammoth Cave, Kentucky (1941), doch sahen sich zugleich viele Nationalparks mit kommerziellen Interessen konfrontiert, die zum Teil durch den Eintritt der USA in den Zweiten Weltkrieg verschärft wurden. Die Holzindustrie versuchte, wenn auch erfolglos, Zugriff auf die alten Wälder des Olympic National Parks zu erhalten. Der Leiter der West Coast Lumbermen's Association, William Greeley, schrieb 1943 einen ebenso flammenden wie eloquenten Aufruf: »Der Olympic Peninsula National Park [sic] sollte seinen Beitrag zum Sieg leisten, indem er einen Teil seines hochwertigen alten Baumbestandes für Rüstungszwecke zur Verfügung stellt. Der Grundsatz der Wehrpflicht sollte nicht nur für unsere Söhne, sondern auch für unsere Ressourcen gelten. Nichts ist so heilig, als daß es nicht seinen Beitrag leisten muß.«[21] Kalifornische Viehzüchter beantragten beim National Park Service, im Sequoia National Park Vieh weiden zu lassen. Newton Drury, der neue Leiter der Behörde, entlarvte diese Ansinnen jedoch in Radioansprachen und Zeitungsartikeln mit Erfolg als keineswegs patriotisch, sondern kurzsichtig und opportunistisch. Der einzige Park, der während des Zweiten Weltkriegs neu entstand, war Big Bend (1944) in der Chihuahua-Wüste im Westen von Texas, dort, wo der Rio Grande zwischen den südlichen Ausläufern der Rocky Mountains und der mexikanischen Sierra Madre hindurchfließt.

Als die kriegsbedingten Reisebeschränkungen fielen, kehrten Scharen von Veteranen, viele davon Ex-CCC-Mitarbeiter, in die Parks zurück. Diese Amerikaner der Arbeiter- und Mittelschicht gehörten zu den eifrigsten Befürwortern der Parks. Der 1947 neu gegründete Everglades National Park an der Südspitze Floridas war ein beliebtes Ausflugsziel. Die Zeitschrift »Popular Mechanics« beschreibt die Everglades 1948 als »Uncle Sams Dschungelspielwiese«:

> Ziel des Parkpersonals ist es, die Glades als Wildnis zu erhalten und die wilden Tiere ungestört zu belassen. Deshalb wird das Straßennetz auf ein Minimum beschränkt. Sie können den Park jedoch auf geführten Besichtigungen mit dem Boot oder zu Fuß erkunden … Die Seminole führten einst Krieg gegen die USA und

»Die Wunder des Geysirlandes«, Titelbild einer Bildmappe mit dem Titel »The Grand Tour of Yellowstone National Park«, 1913 (mit freundl. Gen. des Autry Museum of Western Heritage, Los Angeles)

Hileman, Lobby der Glacier Park Lodge, Glacier National Park, 1913 (mit freundl. Gen. des Glacier National Park)

zogen sich dann ohne Friedensvertrag tief in die Everglades zurück. Der Park will ein Seminole-Lager errichten, das Touristen zugänglich sein soll, jedoch ist nicht beabsichtigt, die Indianer wieder in den Park zu locken ... Die Einrichtungen für Touristen sind noch begrenzt, es sollen jedoch ... neben den geführten Touren Museen, Erläuterungstafeln und Vorträge angeboten werden.[22]

Hunderte von Air-Force-Veteranen wollten in den Ferien den Grand Canyon, Yellowstone und andere Parks mit kleinen Flugzeugen überfliegen. Vize-Innenminister Girard Davidson sah voraus, daß Luftreisen eines Tages alltäglich sein würden. Er forderte 1949 in der Juliausgabe von »Flying«: »Flugplätze unmittelbar vor den Parkgrenzen würden ... dem entsprechen, was der National Park Service einst mit der Förderung der Eisenbahnanbindung erreicht hat ... Der daraus folgende Flugverkehr würde die Ansiedlung von Hotels, Restaurants und anderen Geschäften im Zusammenhang mit den Flugplätzen begünstigen.«[23]

George A. Grant, Picknick im Piegan Pass, Glacier National Park, 1932 (mit freundl. Gen. des National Park Service)

Mit einer für die 1950er Jahre typischen grenzenlosen Begeisterung für den wirtschaftlichen Aufschwung startete NPS-Direktor Conrad Wirth das Projekt »Mission 66«, um zusätzliche Unterbringungsmöglichkeiten zu schaffen und damit die Besucherzahlen massiv zu steigern. Gerade rechtzeitig zu seinem 50. Jubiläum bemühte sich der National Park Service wieder um die Unterstützung der Öffentlichkeit, indem er die Nutzungsmöglichkeiten der Parks ausweitete. Bestehende Parkstraßen wurden ausgebaut, neue angelegt, Wanderwege, Camping-, Picknick- und Parkplätze, Feuerstellen, Vortragssäle und Sanitäranlagen errichtet. Aushängeschild von Mission 66 waren die Besucherzentren der Parks, Mehrzweckeinrichtungen mit Ausstellungen, audiovisuellem Programm und Dienstleistungsbetrieben.

Der für den Park Service im Arches National Monument (Utah) tätige Naturforscher Edward Abbey äußerte sich in »Desert Solitaire« ausgesprochen positiv über Mission 66 und prägte dabei den Begriff des »Industriellen Tourismus«:

Die kleinen Campingplätze wurden zu einer großen Anlage zusammengefaßt, die während der Hauptsaison wie der Vorort einer Stadt wirkt. Luxuriöse Campinganhänger aus wärmeisoliertem Aluminium drängen sich neben riesigen Wohnmobilen aus Glasfaser und Kunststoff; durch die Fenster sieht man den blauen Schein der Fernseher und hört das Studiogelächter aus Los Angeles. Alte Männer mit knorrigen Knien in karierten Bermudas rasen auf Motorrädern die malerischen Windungen der Asphaltstraßen auf und ab; manche Camping-Nachbarn haben ihre Streitereien, während sich andere friedlich um ihre glimmenden Holzkohlen versammeln ... und ihre elektrischen Zahnbürsten vergleichen. Auch die Sanitäranlagen haben durchweg elektrisches Licht, allen Komfort, auch wenn der Generator mitunter ausfällt, die Lichter ausgehen oder die Abwasserrohre verstopfen ... und es gelegentlich kein Wasser gibt ... Unten, am Beginn der Straße und am Verwaltungsgebäude des Parks, gibt es eine neue Zufahrt und ein Besucherzentrum, wo man Eintrittsgelder entrichtet und die Ranger langsam durchdrehen, weil sie 500 mal am Tag dieselben drei Fragen beantworten müssen: 1) Wo ist das Klo? 2) Wie lange dauert die Rundfahrt durch den Park? 3) Wo ist der Colaautomat?[24]

Die Entwicklung einer immer umfangreicheren Infrastruktur und die weiteren neuen Parks, wie Virgin Islands (1956), Haleakala (1960), Petrified Forest, Arizona (1962) und Canyonlands, Utah (1964), hatten wie beabsichtigt insgesamt größere Besucherzahlen zur Folge. Bis 1974 kletterten sie auf 46 Millionen und verdreifachten sich damit gegenüber 1955.[25] Im Gefolge dieses Wachstums und der Publicity, die den neuen Freizeiteinrichtungen zuteil wurde, schienen viele Nationalparks ihre meditative, verjüngende Qualität einzubüßen. Unfähig, weiterhin eine Zuflucht vor der Zivilisation zu sein, verloren die Parks gerade den intimen, geheimnisvollen Zauber, der sie ursprünglich durchweht hatte, und wurden zunehmend durch hupende, Abgase speiende Autokolonnen verstopft, die nichts als Smog hinterließen. Achtlos weggeworfene Flaschen, Dosen und Papierreste verunstalteten die Landschaft. Die Freiheit, mit dem eigenen Wagen zu fahren, wurde für viele zunehmend der Anlaß zu Gereiztheit und Mißmut. Die Überentwicklung begann, den ursprünglichen Erhaltungsgedanken zu überlagern.

Die Sensibilität für die Umwelt nahm zu, nachdem das Natur- und Tierschutz-Beratergremium von Innenminister Stewart Udall 1963 den heute weithin bekannten »Leopold

Unbekannter Fotograf, Das El Tovar Hotel vom Hopi House aus gesehen, Grand Canyon National Park, um 1910 (mit freundl. Gen. des Autry Museum of Western Heritage, Los Angeles)

Halle des Old Faithful Inn, Yellowstone National Park, nach 1904 (mit freundl. Gen. der Montana Historical Society)

Report« veröffentlicht hatte. Unter dem Vorsitz des Biologen A. Starker Leopold kam das Gremium zu dem Schluß, daß ein verstärkter Autotourismus, den Stephen Mather 1916 für die Lösung gehalten hatte, inzwischen die Erhaltung der Parks gefährdete. Gefordert war eine historische und ökologische Forschung, um einen neuen Umgang mit nationalen Ressourcen zu entwickeln. Das Team empfahl den Schutz straßenloser Wildnisgebiete vor Bauvorhaben und drängte auf die Entfernung von Einrichtungen, die den Naturwert der Parks einschränkten, etwa Golfplätze, Skilifte und Häfen für Motorjachten. »Als vorrangiges Ziel empfehlen wir, die Lebensgemeinschaften innerhalb jedes Parks zu erhalten oder, falls nötig, wiederherzustellen, möglichst in dem Zustand, als das Gebiet erstmals von Weißen besucht wurde. ... Ein Nationalpark sollte einen kleinen Ausschnitt des urwüchsigen Amerika abbilden.«[26]

Die neue Gesetzeslage ermutigte zu mehr Naturschutz. Der Wilderness Act (1964), der National Historic Preservation Act (1966), der National Trails System Act (1968) und der Wild and Scenic Rivers Act (1968) eröffneten dem National Park Service Perspektiven für weitere Projekte. Neue Anlagen wie Ozark National Scenic Riverways in Missouri und der Appalachian National Scenic Trail, der sich über 3.200 km von Maine bis Georgia erstreckt, brachten den übervölkerten Nationalparks eine gewisse Entlastung.

Zu weiterer Erleichterung führten ab 1972 auch die sogenannten National Recreation Areas, Naherholungsgebiete der Ballungszentren, wie Gateway (New York), Golden Gate (San Francisco), Cuyahoga Valley (Cleveland), Chattahoochee River (Atlanta) und Santa Monica Mountains (Los Angeles) sowie acht neue Parks, die von 1968 bis 1978 gegründet wurden: North Cascades, Washington (1968), Redwood, Kalifornien (1968), Arches, Utah (1971), Capitol Reef, Utah (1971), Guadalupe Mountains, Texas (1972), Voyageurs, Minnesota (1975), Badlands, South Dakota (1978) und Theodore Roosevelt, North Dakota (1978).

1976 empfahl das »National Parks & Conservation Magazine« als »Alternative zum Auto« propangasbetriebene Zubringerbusse und wandte sich scharf gegen die lärmenden, mit den Parkgrundsätzen unvereinbaren Schneemobile. In »Sunset« erschien ein Artikel zu den »Möglichkeiten, ohne Auto zu den Nationalparks im Westen zu gelangen«. Auch im Innern der Parks empfahl die Zeitschrift alternative Verkehrsmittel: »Die meisten landschaftlichen Attraktionen, Besucherzentren, von Rangern geführten Rundgänge und Lagerfeuer erreichen Sie mit Shuttle-Bussen, Mietfahrrädern oder zu Fuß, oder Sie können an einer Führung mit Bus, Boot, Jeep oder zu Pferd teilnehmen.«[27]

Die Umwelterziehung mit speziell auf Kinder ausgerichteten Programmen wurde zum wesentlichen Bestandteil der vom National Park Service angebotenen Führungen. Die ökologische Erziehung vertiefte das Verständnis der Öffentlichkeit für die Erde und das Leben auf ihr. Diese Führungen betonten, daß das Überleben und die Gesundheit unseres Planeten überall auf der Welt vor allem von ökologischen Interaktionen abhängig ist. Die Parks wurden zu Forschungslabors und Lehranstalten, in denen Ökologen die Naturabläufe unter den Aspekten Populationen, Gemeinschaften und Ökosysteme erkundeten. Das öffentliche Interesse an Nationalparks verlagerte sich von landschaftlichen zu wissenschaftlichen Aspekten. Angesichts von Millionen Touristen machten sich die Fremdenführer moderne Kommunikationstechnologien zunutze, um den Besuchern die Natur näher zu bringen. Artikel in Zeitschriften mit ganz verschiedenen Zielgruppen, von »Ebony« bis »Seventeen«, spiegelten die ökologische Neugierde und damit auch das zunehmende Bewußtsein für die Umweltpolitik.

Unbekannter Fotograf, Dr. Harold C. Bryant, der »Vater« der Führungen des National Park Service, mit einer Gruppe auf einem Ausflug im Yosemite National Park, 1920er Jahre (mit freundl. Gen. des National Park Service)

1980 richtete der Kongreß Nationalparks auf den Channel Islands, Kalifornien, und in Biscayne, Florida, ein. Es folgte der »Alaska National Interest Lands Conservation Act« (ANILCA), ein Mammutgesetz, mit dem die Gesamtfläche der Nationalparks mit einem Schlag verdoppelt wurde. Das ANICLA erklärte 19 Millionen ha in Alaska zum Naturschutzgebiet und schuf damit acht neue Nationalparks: Denali, Gates of the Arctic, Glacier Bay, Katmai, Lake Clark, Kenai Fjords, Kobuk Valley und Wrangell-St. Elias. »Niemals zuvor wurde mit einem Federstrich so viel getan, um [eine Landschaft] für künftige Generationen zu erhalten«, schrieb Charles Clusen, der Vorsitzende der Alaska Coalition.[28]

Der Wrangell-St. Elias National Park umfaßte über 3,4 Millionen Hektar, hinzu kamen 2 Millionen Hektar im angrenzenden Naturschutzgebiet Wrangell-St. Elias National Preserve. Auf einer Fläche, die größer ist als New Hampshire und Vermont zusammen, umfaßt Wrangell-St. Elias die meisten Gletscher Nordamerikas und die längste Kette mehr als 4.875 m hoher Gipfel. Der auf Naturthemen spezialisierte Journalist Chip Brown schilderte die Attraktionen dieses Parks in seinem Artikel »Alaska's Mountain Kingdom«:

Nach allen Seiten, so weit das Auge reichte, sahen wir nur Wildnis, ein Land, in dem Wolf, Eistaucher und Braunbär zu Hause sind. Wir sahen die bei Fotografen und Jägern gleichermaßen begehrten Dall-Schafe leichtfüßig über Steilhänge gut 600 Meter über uns klettern. Vor uns lagen nichts als weite Täler mit grünen Matten und unüberquerbar angeschwollene Wildbäche. Weiter

Plakat, Entwurf von Dorothy Waugh, »Das Leben von seiner schönsten Seite: Nationalparks«, 1930er Jahre (mit freundl. Gen. der Montana Historical Society)

Plakat. Die North Coast Limited Eisenbahn in den Montana Rockies, 1930er Jahre (mit freundl. Gen. der Montana Historical Society)

Werbekampagne »See America First« der Great Northern Railway für den Glacier National Park, 1920er Jahre (mit freundl. Gen. der Oregon Historical Society)

südlich lagen riesige breitrückige Gletscher, Eisfelder und Berge, manchmal die »Juwelen Alaskas« genannt.[29]

Die stärkere Betonung des Freizeitwertes führte zu einem nie dagewesenen Ansturm, wobei die »Day trippers« (Tagesausflügler) die Übernachtungsgäste bei weitem ausstachen. Die Nachfrage nach Freizeiteinrichtungen wurde auch von einer veränderten Flächennutzung beeinflußt: Ländliche Gebiete wurden zu Wohnsiedlungen, und die Gemeinden vor den Parktoren füllten sich mit Neubürgern. Die Fitneßwelle veranlaßte viele Baby-Boomer zu ebenso anstrengenden wie riskanten Aktivitäten wie Klettern und Wildwassersport. Technologische Neuerungen in der Freizeitausrüstung machten solche Aktivitäten einfacher und bequemer. 1984 gaben US-Verbraucher rund 100 Milliarden Dollar für Outdoor-Freizeitvergnügen aus.

1990 zählten die Nationalparks über 58 Millionen Besucher. Ein Bericht mit dem Titel »A Diversity of Visitors« ermittelte, daß alle Altersgruppen die Parks besichtigen, vorrangig jedoch Familien mit Kindern. Touristen bilden eine globale Gemeinschaft: Im Grand Canyon etwa sind oft mehr ausländische als amerikanische Gäste unterwegs. Der gestiegene Wohlstand einiger Länder und die Herausbildung einer internationalen Tourismusbranche bedingen eine zunehmende Zahl ausländischer Touristen, die auf ihrer Amerika-Rundreise auch die Nationalparks ansteuern. Faktoren wie Kosten, Zugänglichkeit, Einrichtungen und die natürlichen Gegebenheiten jedes Parks beeinflussen die Besucherzahl quer durch alle Kategorien. Als Motiv für einen Parkbesuch werden Sightseeing, Camping und Rundreisen genannt. Viele legen gesonderten Wert auf Straßenpläne, gut sichtbare Wegweiser und saubere Sanitäranlagen. Der Ausbau des Parksystems setzt sich mit den fünf jüngsten Neuzugängen fort: American Samoa (1988), Dry Tortugas, Florida (1992), Death Valley, Kalifornien (1994), Joshua Tree, Kalifornien (1994) und Saguaro, Arizona (1994).

Heute läßt sich die Bedeutung von Yosemite und anderen, noch von Frederick Law Olmsted 1865 konzipierten Parks manchmal nur noch schwer nachvollziehen, wenn auch die unvergleichliche Landschaft noch immer in der Lage ist, die Gedanken von Alltagsproblemen abzulenken, den Kopf frei zu machen und so eine spirituelle Erneuerung zu ermöglichen. Meditation und Erholung in spektakulären Naturräumen sind auch heute noch gut geeignet, um Gesundheit und Kraft zu tanken.

Die Erhaltung der einzigartigen Landschaften und natürlichen Ressourcen der Parks findet in der Öffentlichkeit große Resonanz, vor allem bei jenen, die die Parks tatsächlich nutzen. Die meisten Parkbesucher sind sich dieser natürlichen Werte sehr wohl bewußt, müssen sich heute jedoch etwas mehr anstrengen, wenn sie die Nationalparks in der ursprünglich beabsichtigten Weise auf sich wirken lassen wollen. Es ist heute gar nicht so leicht, die Städte hinter sich zu lassen.

Natürlich verändert sich auch die Einstellung zu den Nationalparks. Das Zeitalter des unbegrenzten Autotourismus wird noch mit dieser Generation zu Ende gehen. Schon jetzt ist am Südrand des Grand Canyon eine solche Einschränkung geplant. Derzeit entsteht ein Schienennetz für eine Schmalspurbahn, die Besucher von Tusayan am Parkeingang zu einem neuen Transitcenter am Mather Point bringen soll. Busse mit umweltfreundlichem Elektro- oder Erdgasantrieb sollen auf den Parkstraßen verkehren. Die Züge und Busse werden behindertengerecht und für alle Altersgruppen geeignet sein. Besucher, die eine Übernachtung, einen Campingplatz oder ein Fortbewegungsmittel gebucht haben, werden nach wie vor mit dem Auto zu bestimmten Parkplätzen anreisen, müssen jedoch innerhalb der Parkgrenzen ebenfalls auf öffentliche Verkehrsmittel umsteigen.

1996 veranstaltete der National Park Service im kalifornischen Fresno ein Symposium über Transportfragen. Zur Debatte standen Alternativen für Transportmittel in und um Yosemite. Ebenso wie beim Grand Canyon entstanden auch hier die heftigsten Debatten um eine Einschränkung des Autoverkehrs im Park. Dazu sollten umfassende Orientierungs- und Transfereinrichtungen geschaffen werden, wo die Besucher ihre Fahrzeuge abstellen und auf öffentliche Verkehrsmittel umsteigen müssen, um in den Park zu gelangen und sich darin zu bewegen. Die verheerende Überschwemmung von 1997 ebnete den Weg für die Umsetzung dieser Pläne zur Minderung der Verkehrsstaus. Zusätzlich geplant ist die Beseitigung nicht wesentlicher Gebäude, die Rückwandlung einiger Gebiete in naturbelassene Bereiche und die Umsiedelung der Unterkünfte für Besucher und Angestellte an Standorte abseits der ökologisch empfindlichen Bereiche.

Zu Beginn dieses Aufsatzes lud ich Sie zu einer Phantasiereise durch den Yosemite National Park ein. Die wunderbaren Fotos in diesem Band sollen Ihnen solche kleinen Fluchten erleichtern. Auch im 21. Jahrhundert müssen wir bewußt nach Alternativen suchen für das bislang so beliebte »Abklappern« der Nationalparks mit dem Auto. Die Erhaltung dieser außerordentlichen Landschaften dient auch heute noch dem Ziel, den Besucher Kraft schöpfen zu lassen, wie es schon Frederick Law Olmsted 1865 definierte: »Nur wenige andere Dinge besitzen diese Qualität in solcher Reinheit.« Die Landschaft, Tierwelt und historischen Stätten in Amerikas Nationalparks mit den eigenen Sinnen zu erfahren, ist und bleibt ein einmaliges und unvergeßliches Erlebnis.

LITERATURVERWEIS AUF DIE AMERIKANISCHE ORIGINALAUSGABE:

1 »Table Rock Album and Sketches of the Falls and Scenery Adjacent« (Buffalo, New York: Steam Press of Thomas & Lathrops, 1848), 39.

2 U.S. Statutes at Large, Vol. 13, Chap. 184, 325. »An Act authorizing a Grant to the State of California of the Yosemite Valley,' and of the Land embracing the Mariposa Big Tree Grove.'« [S. 203; Public Act No. 159] U.S. Congress. 38th. 1st Session.

3 Frederick Law Olmsted, »Yosemite and the Mariposa Grove: A Preliminary Report, 1865« (Yosemite National Park, California: Yosemite Association,1995), 16.

4 Olmsted, »Yosemite and the Mariposa Grove«, 23.

5 Frederick E. Shearer, (Hrsg.), »The Pacific Tourist: Adams & Bishop's Illustrated Trans-Continental Guide of Travel from The Atlantic to the Pacific Ocean« (New York: Adams & Bishop, 1884, Neuauflage bei Crown Publishers, New York, 1970), 161.

6 zitiert nach: Aubrey L. Haines, »The Yellowstone Story: A History of Our First National Park«, volume one, überarbeitete Neuauflage (Yellowstone National Park, Wyoming: The Yellowstone Association for Natural Science, History & Education, 1996), 138.

7 Hayden zitiert nach: Haines, »The Yellowstone Story«, volume one, 171.

8 U.S. Statutes at Large, Vol. 17, Chap. 24, 32-33. »An Act to set apart a certain Tract of Land lying near the Head-waters of the Yellowstone River as a public Park.« [S. 392] U.S. Congress. 42nd. 2nd Session.

9 Joseph Taylor Hazard, »The Glacier Playfields of Mount Rainier National Park« (Seattle: Western Printing Company, 1920), 9.

10 U.S. Statutes at Large, Vol. 34, Part 1, Chap. 3060, 225. »An Act For the preservation of American antiquities.« [S. 4698, Public Act No. 209], U.S. Congress. 59th. 1st Session; U.S. Statutes at Large, Vol. 34, Part 1, Chap. 3607, 616-17. »An Act Creating the Mesa Verde National Park.« [H.R. 5998, Public Act No. 353], U.S. Congress. 59th. 1st Session.

11 Ruth Miller, »Our Trip to Mesa Verde 1922« (Ouray, Colorado: Buckskin Trading Company, 1988), 21.

12 Kathleen L. Howard und Dianna F. Pardue, »Inventing the Southwest: The Fred Harvey Company and Native American Art« (Phoenix: The Heard Museum, 1996), 102.

13 Mary Roberts Rinehart, »Through Glacier Park in 1915« (Boulder, Colorado: Roberts Rinehart Publishers, 1993), 33.

14 Rinehart, »Through Glacier Park«, 91.

15 Library of Congress, »The Evolution of the Conservation Movement«, http://lcweb2.loc.gov/ammem/amrvhtml/cnchron4.html (13. Juni 1998); Library of Congress, »The Evolution of the Conservation Movement«, http://lcweb2.loc.gov/ammem/amrvhtml/cnchron6.html (13. Juni 1998).

16 U.S. Statutes at Large, Vol. 39, Part 1, Chap. 408, 535-36. »An Act To establish a National Park Service, and for other purposes.« [H.R. 15522, Public Act No. 235], U.S. Congress. 64th. 1st Session.

17 Robert Shankland, »Steve Mather of the National Parks«, 3. Auflage, (New York: Alfred A. Knopf, 1970), 104, zitiert nach: John C. Miles, »Guardians of the Parks: A History of the National Parks and Conservation Association« (Washington, D.C.: Taylor & Francis, 1995), 13.

18 Robert Sterling Yard, »National Parks Portfolio«, 6. Auflage (Washington, D.C.: U.S. Goverment Printing Office, 1931), 2.

19 National Park Service, »History of Acadia«, in: Acadia National Park Home Page, http://www.nps.gov/acad/w95026ap.html (13. Juni 1998).

20 Horace Kephart, »The Last of the Eastern Wilderness«, in: World's Work (April 1926), 624.

21 »Seattle Post-Intelligencer« (9. Juni 1943), in: Miles, Guardians of the Parks, 139.

22 »Uncle Sam's Jungle Playgrounds«, in: Popular Mechanics (Februar 1948), 118-119.

23 C. Girard Davidson, »Let's Build Airports for the National Parks«, in: Flying (Juli 1949), 15.

24 Edward Abbey, »Desert Solitaire: A Season in the Wilderness« (New York: Ballantine Books, 1968), 51-52.

25 Alfred Runte, »National Parks: The American Experience«, überarbeitete zweite Auflage (Lincoln and London: University of Nebraska Press, 1987), 173.

26 Miles, »Guardians of the Parks«, 221-222.

27 »Ways to reach the national parks of the West without using your car«, in: Sunset (Juli 1979).

28 zitiert nach: Runte, »National Parks«, 255.

29 Chip Brown, »Wrangell-St. Elias: Alaska's Mountain Kingdom«, National Parks & Conservation Magazine 52 (August 1978), 4.

Reiseführer der Northern Pacific Railway, auf dem Titel die Yellowstone Falls im Yellowstone National Park, 1910 (mit freundl. Gen. des Autry Museum of Western Heritage, Los Angeles)

Acadia

DIE INSEL MOUNT DESERT ISLAND AN DER KÜSTE MAINES ist das beeindruckende Ergebnis von 500 Millionen Jahren geologischer Aktivität. Flüsse trugen Geröll herbei, Vulkanasche verwandelte sich in Inseln, Magma erstarrte zu Felsformationen. Eiszeitliche Gletscher, bis zu 3 km hohe wandernde Eisplatten, änderten brutal die Gestalt des Gebirges und schmolzen dann ins Meer. So entstanden zahlreiche Inseln und mit dem Somes Sound der einzige Fjord der kontinentalen US-Staaten. Heute erstreckt sich der Acadia National Park über den größten Teil des Mount Desert Island, das seinen Namen wegen seiner »kargen Berge« dem französischen Entdecker Samuel Champlain verdankt. Möglicherweise waren sie sogar das einzige, was er durch den Nebel von der Insel sah, als sein Schiff 1604 davor auf eine Sandbank lief. Ab 1759 ließen sich europäische Siedler dort nieder. Im 19. Jahrhundert begeisterten sich die Maler Thomas Cole und Frederick Church für die erfrischende Naturbelassenheit der Insel, und zahlreiche Touristen folgten ihren Spuren. Mount Desert Island wurde zum Sommersitz wohlhabender Industrieller von Rockefeller über Vanderbilt, Carnegie, Ford und Morgan bis Astor, die sich dort großzügige Landsitze bauen ließen. Ein Besucher namens George B. Dorr erkannte die mit der zunehmenden Erschließung und Abholzung verbundenen Gefahren und kaufte Grundbesitz auf Mount Desert, um ihn der Öffentlichkeit zugänglich zu machen: 1913 stiftete er der Bundesregierung 2.430 ha Land. John D. Rockefeller Jr. steuerte 4.455 ha bei und ließ Waldstraßen anlegen, die für Kutschen zugänglich, für Kraftfahrzeuge jedoch gesperrt waren (noch heute dürfen dort keine Autos fahren). 1919 unterzeichnete Präsident Wilson ein Gesetz, mit dem das geschenkte Land zum Lafayette National Park wurde, dem ersten Nationalpark östlich des Mississippi. 1929 wurde der Park in »Acadia« umbenannt – so hatte der Entdecker Giovanni da Verrazano in Anlehnung an das klassische Arkadien um 1520 die Ostküste der Neuen Welt genannt.

Heute bedeckt der Park eine Fläche von 160 km², verteilt auf ein Dutzend Inseln. Die Besonderheit Acadias sind die malerisch ineinander verwobenen Berg- und Meereslandschaften. Die bewaldeten Hänge von Isle au Haut fallen steil ins Wasser ab. Das Meer umgibt die Landschaft und dringt in sie ein, es entstehen Tidebecken, die zahlreiche Meereslebewesen beherbergen. Die Palette reicht von Algen über Strandschnecken bis hin zu Walen. Das Meer ist übersät von den Markierungsbojen der Hummerreusen. Von Naturwissenschaftlern geleitete Besichtigungstouren führen zu den Lebensräumen von Schweinswalen, Seehunden, Adlern und Seevögeln oder zum Islesford Historical Museum auf dem Little Cranberry Island. Fünf Leuchttürme werfen Licht in die Dunkelheit und den dichten Nebel, der häufig die Orientierung erschwert.

Hoch über der Uferzone ersteigt man die bewaldeten Berghänge zu einem einzigartigen Ausblick vom höchsten Gipfel der nordamerikanischen Ostküste, dem Cadillac Mountain. Er ist benannt nach einem einstigen französischen Siedler, der später Detroit gründete. Der auf dem Berg wachsende Laubwald unterscheidet sich völlig von dem sonst in Acadia üblichen Fichten- und Tannenwald, da 1947 über 4.050 ha des Parkgebiets einem ungeheuren Waldbrand zum Opfer fielen. Seither haben sich sonnenhungrige Laubbäume in den Wäldern angesiedelt, die noch immer auf Rockefellers Kutschenwegen zu besichtigen sind. Man mag rings um den Jordan Pond wandern, per Fahrrad rund um den Eagle Lake fahren, über Bäche, in denen Biber ihre Dämme bauen, den Sargent und Penobscot Mountain hinauf zu atemberaubenden Ausblicken auf die Frenchman Bay und den Somes Sound. Acadia hat über 192 km Wanderwege vorzuweisen, von gemütlichen Spazierwegen bis zu anspruchsvollen Klettertouren auf dem Precipice Trail.

Acadia ist das ganze Jahr über geöffnet. Das zentrale Besucherzentrum ist vom 1. Mai bis zum 1. November in Betrieb. Der Park Loop Road kann man mit dem Auto zu einer gut 40 km langen Fahrt mit wunderschönen Ausblicken folgen, doch ist die Straße im Juli und August in der Mittagszeit hoffnungslos verstopft, deshalb sollte man entweder früh genug kommen oder sich von vornherein zu Fuß oder mit dem Fahrrad an die Kutschenstraßen oder Wanderwege halten. Um zur Isle au Haut zu gelangen, ist ein wenig Planung erforderlich, was sich aber für Camper und Wanderer unbedingt lohnt. Die zum Festland gehörende Schoodic Peninsula bietet sensationelle Ausblicke und ist nicht so übervölkert wie Mount Desert. Der beste Monat zum Angeln und Beobachten der Vögel ist der Juni,

Blick vom Gipfel des Cadillac Mountain auf die Frenchman Bay mit ihren vielen kleinen Inseln

obwohl Küstenvögel sich vor allem im Juli und August in Massen auf den weiter im Meer liegenden Inseln einfinden. Zu den 275 in Acadia heimischen Vogelarten gehört auch der bedrohte Wanderfalke. Im Indian Summer im späten September kommen viele Besucher, um die prächtige Herbstfärbung zu sehen. Aufgrund der winterlichen Verhältnisse sind einige Straßen von Dezember bis April gesperrt und nur für Skiwanderer zugänglich.

— Susan Burke —

Das Abendlicht bestrahlt die Spalten im Granitfels auf dem Cadillac Mountain.

Jordan Pond verdankt seinen Ruf nicht nur den landschaftlich reizvollen Wanderwegen, sondern auch den »popover muffins«, der Spezialität des gleichnamigen Restaurants. Am Nordhorizont sieht man die Bubble Rocks.

Morgenstimmung am Otter Cave

Stille Bucht an der Frenchman Bay

Southwest Harbor liegt am Südwest-
eingang zum Somes Sound, dem einzigen
Fjord außerhalb Alaskas.

Shenandoah

IN DER SPRACHE DER INDIANER BEDEUTETE SHENANDOAH »Tochter der Sterne«, und in klaren Nächten wirkt es tatsächlich manchmal so, als beugten sich die Sterne wie liebende Eltern über die Bergkette. Der Park ist nach dem legendären Fluß unterhalb seiner Westflanke benannt und beginnt in den Blue Ridge Mountains von Nordwest-Virginia. Die einzige befahrbare Straße, der Skyline Drive, zieht sich 168 km weit nach Süden bis zum Blue Ridge Parkway. Der Shenandoah National Park ist ein Beispiel für eine »Rückgewinnung« der Natur, denn hier wurde die landwirtschaftliche Nutzung, die im 18. Jahrhundert mit den von Norden her in das fruchtbare Tal einwandernden Siedlern begann, wieder rückgängig gemacht.

Als Ackerland knapp wurde, rodeten und pflügten die Siedler die zerklüfteten, bewaldeten Berghänge. Im 20. Jahrhundert war der Boden ausgelaugt, der Wald gelichtet und der Wildbestand stark zurückgegangen. Der Bundesregierung lag daran, diesen nur gut 100 km von Washington, D.C., entfernten Teil der Appalachen zu erhalten, und 1926 genehmigte der Kongreß die Gründung des Shenandoah National Park. Der Staat Virginia kaufte den letzten Siedlern 725 km² Land ab. Einige zogen freiwillig weg, andere wurden gegen ihren Willen umgesiedelt.

Zwar sind Reste der Farmen noch zu sehen, doch das Shenandoah-Gebiet ist unter dem Schutz des National Park Service wieder zu einem ehrwürdigen Wald geworden, der zu 95 Prozent aus Laubbäumen und immergrünen Gehölzen besteht. Zwei Fünftel des Parks stehen heute unter Naturschutz. Weißwedelhirsche trifft man häufig an, während Schwarzbären auf das Hinterland beschränkt sind (doch manchmal an die Straße kommen). Im Park heimisch sind Rotluchse, Stinktiere, Opossums, Eich- und Backenhörnchen, mehrere Salamanderarten und giftige Mokassin- und Klapperschlangen. Rund 200 Vogelarten sind hier gesichtet worden, darunter Haselhuhn, Streifenkauz, Spechte, Drosseln und Spottdrosseln, Sänger, Rotkardinäle und Prachtmeisen, Carolina-Zaunkönige sowie Gold- und Indigofinken, Habichte, Geier, Raben und Wildtruthähne.

Was jedoch Jahr für Jahr die Besucher anzieht, ist die stille Schönheit der Landschaft. Im Vorfrühling zeigen sich Leberblümchen, Rotahorn und Kanadische Felsenbirne in den schönsten Farben, bald darauf ist der Waldboden mit Wildblumen wie Wachslilien und Blutkraut bedeckt. Wenn im April und Mai die Bäume ausschlagen, leuchten die scharlachroten Blüten des Judasbaums, weißer wilder Hartriegel und rosa Azaleen. Später blühen die Johannisbrotbäume und die rosa-weißen breitblättrigen Kalmien. Im Sommer dominiert ein sattes Grün, gesprenkelt mit Wildblumen wie Eisenhut, Kastillea und Waldspringkraut. Die ersten kalten Septembernächte lassen das Herbstkleid des Waldes entflammen, die Hügel legen Zinnoberrot, Bronze und tiefes Ockergelb an. Die Farbenpracht erreicht ihren Höhepunkt, ebbt ab und erlangt ihre Strahlkraft erneut, wenn die Bäume ihre Herbstfärbung annehmen. Im Winter bildet der kahle Laubwald bizarre Strukturen vor den immergrünen Gehölzen, und der Blick schweift jetzt kristallklar über die Täler. Die Aussichtspunkte am Skyline Drive bieten dann den weitesten Blick über alle sieben Schleifen des Shenandoah River, den Signal Knob jenseits des Tals, und vom Bearfence Mountain aus hat man einen Panoramablick über das ganze Gelände.

Zwischen Front Royal und Rockfish Gap führen mehrere Zubringer zum Skyline Drive. Auch der Appalachian Trail, von dem 162 km durch das Parkgebiet führen, bietet sich an. Ein Wegenetz von rund 640 km Länge führt zu den Sehenswürdigkeiten, etwa zu den vielen Wasserfällen. In Big Meadows, der einzigen größeren Freifläche in der Parkmitte, stehen eine Lodge und ein Restaurant bereit. Weitere Unterkünfte gibt es in einer Lodge in Skyland, in Bungalows, auf Campingplätzen und in sechs Berghütten. Wildes Zelten ist erlaubt. Der Park ist ganzjährig geöffnet, außer wenn die Straßen wegen Eis und Schnee nicht passierbar sind. Auf dem Skyline Drive darf nur 35 Meilen/h gefahren werden, allerdings kommt man während des Ansturms im Herbst ohnehin kaum von der Stelle.

— Susan Burke —

Durch ein Prismenraster gesehen, wirkt das bunte Herbstlaub am Blue Ridge Parkway wie ein pointillistisches Gemälde von Georges Seurat.

Wasserfall in Dark Hollow, Shenandoah

Sonnenuntergang am
Bearface Mountain im April

Great Smoky Mountains

ZWISCHEN DEN BÄUMEN, IN DER DÜNNEN, DUNSTIGEN Luft der Great Smoky Mountains, lassen sich heute noch die Geister der Cherokee-Indianer erahnen, die einst die zerklüfteten Berge beherrschten. Doch der Laubwald bezeugt noch eine weit ältere Geschichte, denn das vor über 200 Millionen Jahren entstandene Gebirge gehört zu den ältesten der Erde. Der bemerkenswert artenreiche Wald, der sich hier während der letzten Eiszeit entwickelte, verschob sich vor der zerstörerischen Kraft der vorrückenden Gletscher immer weiter nach Süden. Weil der Great Smoky Mountains National Park mehr Baumarten vorzuweisen hat als alle Wälder Europas zusammen, wurde er zum internationalen Biosphärenreservat erklärt. In frühgeschichtlicher Zeit waren die Cherokee-Indianer die ersten Bewohner dieser Landschaft. Sie lebten in einem Gebiet, das sich von Virginia bis Georgia und Alabama erstreckte, wurden jedoch im 19. Jahrhundert von nachrückenden weißen Siedlern vertrieben. Heute leben nur noch wenige ihrer Nachfahren in einem Reservat südöstlich des Parks. In den 1920er Jahren gehörte 85 Prozent des heute 2.093 km² großen Parks der Holz- und Zellstoffindustrie, die sich nicht die geringste Zurückhaltung auferlegte. Der Rest des Geländes gehörte Tausenden Farmern und Siedlern. Der Kongreß erklärte das Gebiet 1926 zum Nationalpark, um das einzigartige zerklüftete Terrain von Bergen und Tälern sowie die vielfältige Pflanzenwelt zu schützen.

In den »Smokies« sind über 1.500 verschiedene Blütenpflanzen heimisch, so daß Besucher ein großartiges Naturschauspiel erwarten können, vor allem, wenn sie auf das Auto verzichten. Im Frühling sind Wälder und Wiesen mit einem bunten Teppich aus Wildblumen überzogen. Im Juni und Juli bilden die bis zu 6 m hohen blühenden Rhododendronbüsche riesige weiße, rosa- und magentafarbene Mauern. Eine Wanderung zu Gregory's Bald im Spätjuni wird mit unzähligen wilden Azaleen am Rand der Wiese belohnt. Im Herbst färben sich die vielen Baumarten jede auf ihre Art bunt und lassen das Land vor allem in den Tälern in strahlenden Farben auflodern. Kühle, immergrüne Gehölze stehen auf den Bergkämmen, und oberhalb von 1.830 m ähneln die Wälder bereits denen Zentralkanadas. Die botanische Vielfalt der Smokies wird nicht nur auf den fruchtbaren Boden und die hohe Niederschlagsmenge zurückgeführt, sondern auch auf den bläulichen Dunst, der gelegentlich weite Bereiche mit seinem feinen Schleier überzieht.

Der Park besitzt zahlreiche Bäche und Wasserfälle, die gern von Wanderern aufgesucht werden. Weitere Ziele sind einige Holzhütten oder Scheunen, die einst den Siedlern gehörten und inzwischen restauriert wurden, um heutigen Besuchern einen Blick in die Vergangenheit zu erlauben. Die Aussicht ist überall in den Smokies überwältigend, vor allem aber von der Straße zum 2.024 m hohen Clingman's Dome aus, dem höchsten Punkt dieser Bergkette. Der Aussichtsturm auf dem Gipfel bietet ein faszinierendes Panorama.

Der Great Smoky Mountains National Park kann mit dem Auto besichtigt werden. Die Newfound Gap Road bietet malerische Ausblicke entlang des ganzen Bergkamms. Richtig interessant wird es allerdings erst, wenn man den Park zu Fuß oder hoch zu Roß auf den 1.360 km Spazier-, Wander- und Reitwegen verschiedener Schwierigkeitsgrade erkundet. Wer sich nicht auf den auf einem Tag angesetzten Rundwanderweg beschränken möchte, kann auf zehn mit allem Komfort ausgestattete Campingplätze ausweichen, die man allerdings möglichst im voraus buchen sollte. Wer lieber in freier Natur zeltet, benötigt dazu eine Genehmigung. Ein 112 km langes Teilstück des Appalachian Trail, der sich entlang der Grenze zwischen Tennessee und North Carolina erstreckt, bietet sich für sechs bis acht Tage dauernde Wanderungen an. Jeweils im Abstand einer Tagesreise stehen Berghütten zur Verfügung.

– Susan Burke –

OBEN: **Schnee auf Herbstlaub ist ein eher seltenes Schauspiel.**

UNTEN LINKS: **In Cades Cave sind noch Überreste der Pioniersiedlungen zu bewundern. Um 1850 lebten noch über 650 Menschen in dem weiten Hochtal.**

UNTEN RECHTS: **Weiß blühender Hartriegel und das zarte Grün der Bäume bilden die Vorboten des Frühlings in den Wäldern der Great Smoky Mountains.**

Das erste Sonnenlicht erhellt nacheinander >>> die vom Foothills Parkway aus sichtbaren Bergkämme am Nordende des Parks.

OBEN: **Little River**

Biscayne

DIE WORTE »BLAU« UND »GRÜN« REICHEN NICHT AUS: Die unglaubliche Farbfülle fordert Begriffe wie »türkis«, »azur« und »smaragdgrün«. Vielleicht kann kein Adjektiv die besondere Reinheit der Elemente charakterisieren, aus denen diese nasse Welt besteht: Wasser, Himmel und die Küste des Biscayne National Park. Ein besonderes Merkmal dieses Nationalparks im Südosten von Florida ist die Tatsache, daß 95 Prozent seiner 733 km² Fläche unter Wasser liegen. Die Landkarte des Parks zeigt grüne Linien, wo sich die Biscayne Bay von drei Seiten in die blaue Meeresfläche schiebt, ein paar schematisch angedeutete Keys, von denen die größten die Wasseroberfläche durchstoßen, und die an einer schmalen Küstenlinie entlang verlaufende Westgrenze. Die Biscayne Bay wurde früh erforscht, schon Juan Ponce de Leon befuhr die Gewässer 1513 auf der Suche nach dem Wasser der ewigen Jugend. In den folgenden Jahrhunderten lauerten in der Bucht Piraten unvorsichtigen Handelsschiffen auf. Der als Black Caesar bekannte Freibeuter Albert Payson Terhune soll im heutigen Park seinen Stammsitz gehabt haben. Später machten sich Fischer die reichen Fischgründe und Schwammvorkommen zunutze, während an Land die Bauern Getreide säten. Bei Touristen und Schmugglern war die Bucht ebenfalls beliebt. Dicht vor der Küste ist der Meeresboden mit Schiffswracks übersät. Das nur wenige Kilometer von der Nordgrenze des Parks entfernte Miami entwickelte sich später zu einer quirligen, überbordenden Großstadt, und Mitte des 20. Jahrhunderts warfen die Makler bereits begehrliche Blicke auf die Inselchen der Bucht. Man plante Ferienorte und Parzellierungen, an der Küste sollte sogar eine Raffinerie entstehen. Naturschützer kämpften aber für die Erhaltung der urwüchsigen Flora und Fauna und konnten 1968 den Schutz der Biscayne Bay als National Monument durchsetzen. Später wurde das Areal vergrößert und 1980 zum Nationalpark erklärt.

Das Schutzgebiet umfaßt eine subtropische Welt mit einer seltenen Mischung aus Land- und Meereslebewesen, die an das Ökosystem der 34 km westlich gelegenen Everglades erinnert. Vom winzigen Seepferdchen bis zur gewaltigen aber friedfertigen Rundschwanz-Seekuh sind zahlreiche Meerestiere in den kristallklaren Gewässern heimisch. Fische leuchten schillernd und tragen exotische Namen: Engels- und Papageienfisch, Neongrundel und Knurrfisch bevölkern neben Suppenschildkröte, Moräne, Seestern und Oktopus die Korallenriffe. Die 3 m lange, heute stark bedrohte Sehkuh weidet die Gräser am Meeresboden ab. An der Küste tummeln sich tropische Vögel wie der Schneesichler oder der Braunpelikan sowie viele Zugvögel auf der Durchreise. In den Inselwäldern wachsen kostbare Mahagonibäume, Balsambäume mit ihrer kupferroten Rinde, Sternapfelbäume und das Hundsgiftgewächs Echites.

Die Bewohner von Bucht und Küstenstreifen finden in ihrer natürlichen Umgebung vielfachen Schutz. Mangrovensümpfe und Wälder bilden ein verzweigtes Geflecht, in dem viele Fische ihre Nester vor Feinden verbergen. Die Mangroven dienen zudem als Puffer zwischen Festland und Bucht: Sie halten ausgewaschenes Erdreich fest, entziehen dem Wasser Schadstoffe und bieten Schutz vor Wirbelstürmen. In der Biscayne Bay liegt das einzige lebende Korallenriff der USA. Ganze Kolonien winziger Polypen gedeihen im warmen, flachen Küstenwasser. Aus dem von ihnen abgesonderten Kalk entstehen im Laufe der Zeit die Korallenriffe.

Für Besucher ist die Bucht die Hauptattraktion, zumal das Wasser dort flach und kristallklar ist. Viele prächtige Fische sind schon beim Schnorcheln zu sehen. Mit dem Atemgerät können Taucher in größere Tiefen vordringen und die weit verzweigten Riffe durchstreifen. Mit Glasbodenbooten lassen sich trockenen Fußes Fischschwärme beobachten. Wer einen für Florida gültigen Angelschein besitzt, kann nach Barsch, Snapper und Lachsforelle jagen oder auf seltenere Beute wie Speer- und Seglerfisch hoffen. Am Convoy Point, der Festlandstation des Parks, genießt man vom Plankenweg und vom Besucherzentrum aus traumhafte Ausblicke über die Bucht. Dort bietet auch ein Konzessionär geführte Touren und Bootsausflüge zu den äußeren Inseln an. Auf den drei Keys Elliott, Adams und Boca Chita gibt es öffentliche Campingplätze und Wanderwege sowie kostenlose Anlegeplätze.

– Susan Burke –

RECHTS: Auf einem Gestrüpp verholzter Wurzeln steht ein Mangrovenbaum hoch über dem Wasser der Bay.

UNTEN: Die Unterwasserwelt ist ein Erlebnis, sei es, daß man mit Suppenschildkröten schwimmt oder die bizarren Formen und glühenden Farben eines lebenden Riffs bestaunt.

RECHTE SEITE: Fischschwarm

Everglades

AUS DER LUFT GESEHEN WIRKEN FLORIDAS EVERGLADES wie eine von Kratern übersäte sattgrüne Mondlandschaft. Bei näherem Hinsehen entdeckt man jedoch die unendliche Vielfalt dieser seltenen und stark gefährdeten, ganz im Zeichen des Wassers stehenden Region. Die erste Kampagne zum Schutz der Everglades begann um die Jahrhundertwende mit einem Mord, der seinerseits die Folge eines Blutbads darstellte. Weil von den dort heimischen Vögeln Tausende wegen ihres dekorativen Gefieders getötet wurden, stellte das National Committee of Audubon Societies einen Wächter ein, der in den Everglades Streife fahren sollte. Die Ermordung dieses Mannes gab 1905 den Anstoß

für verstärkte Bemühungen um den Schutz des einzigartigen Ökosystems. Durch Lobbyarbeit, Spendengelder und staatliche Mittel für den Ankauf von Land konnte der Kongreß schließlich 1947 bewogen werden, den Everglades National Park einzurichten. Praktisch unmittelbar im Anschluß bauten Wirtschaftsunternehmen riesige Deiche und Kanäle, um Wasser für die Landwirtschaft und private Anwohner umzulenken. Der Tierbestand der Everglades geriet in Gefahr, allen voran die vielfältige Artenwelt der Vögel und Wasserlebewesen.

Die Spannungen dauern bis heute an. Rückstände von Dünge- und Pflanzenschutzmitteln im Grundwasser stören die Vegetation. Durch Stauanlagen außerhalb des Parks werden die Everglades zeitweise entwässert, zeitweise überschwemmt. Zusammen mit dem Kongreß und dem Staat Florida versucht der National Park Service, die für die Lebewesen im »Grasfluß« so überaus wichtige Versorgung mit Süßwasser sicherzustellen. Im Bett dieses 80 km langen, nur rund 15 cm tiefen Flusses wächst bis zu 80 cm hohes Schneidegras; er durchfließt die Everglades von Norden nach Süden und ergießt sich in die Florida Bay. Mit 6.068 km^2 sind die Everglades größer als der Staat Delaware, liegen jedoch nicht höher als 2,4 m über dem Meer. Fluß und Umgebung sind die Heimat einer erstaunlichen Vielfalt an Pflanzen und Tieren, vor allem Vögeln aller Art. Zu den 14 bedrohten Tierarten in diesem Gebiet gehören der Waldstorch, der Kurzschwanzbussard, der Wanderfalke, die riesige, aber völlig harmlose Rundschwanz-Seekuh, die Suppenschildkröte, der Everglades-Nerz und der Florida-Panther. Im Salzwasser sind Krokodile anzutreffen, in den Süßwasserströmen sind zahlreiche Alligatoren heimisch. In Flüssen, Buchten und Teichen wimmelt es von Krustentieren und Fischen, darunter Forellen- und Schnappbarsch, Umberfisch und Forelle.

Über 400 Vogelarten nisten in den Everglades, darunter Rosalöffler, Nachtreiher mit ihren gelbschwarzen Kronen, Gabelweihen, Seidenreiher, Pelikane und Ibisse. Die Everglades sind überdies für viele Zugvögel ein wichtiger Zwischenstop auf ihrem Weg von Nord- nach Südamerika und umgekehrt. In den humusreichen Laubwäldern gedeihen Mahagonibäume, Würgerfeigen, Balsambäume mit ihrer losen kupferroten Rinde, Königspalmen und Orchideen. Mangrovenflüsse winden sich Hunderte von Kilometern durch das Südende des Parks. In Meeresnähe finden sich Mangrovensümpfe, die Land- und Meereslebewesen geschützte Zufluchtsorte bieten. Cape Sable, die südlichste Spitze der Vereinigten Staaten, wartet dagegen mit blendend weißen Sandstränden und einer Wüstenvegetation auf.

Buchten und Flüsse laden mit markierten Kanustrecken zum Wassersport ein, und die Binnen- und Küstengewässer führen in abgelegene Teile des Parks. Bei Wanderungen auf Plankenstegen und Fußwegen zeigt sich der Park an den zahlreichen Aussichtspunkten von seiner schönsten Seite, zumal Autos nur auf der Hauptstraße zugelassen sind. Von dem unweit des Osteingangs gelegenen Ort Flamingo aus kann man abendliche Bootstouren zu den Vogelnistplätzen auf den Keys der Bay unternehmen oder sich zur Wildbeobachtung in der Whitewater Bay, zu den Florida Bay Keys, zum Golf oder zu den Stränden von Cape Sable fahren lassen. Das im Norden gelegene Everglades City bietet Bootsfahrten zu den Ten Thousand Islands und in die Mangrovensümpfe an. Im Sommer muß man in den Everglades mit feuchtheißem Klima und einer Mückenplage rechnen. Der erheblich trockenere Winter bietet sich zum Beobachten vieler Tierarten an, die sich um die Wasserstellen sammeln. Hüten Sie sich vor Giftschlangen, und baden Sie nach Möglichkeit nicht, denn dabei machen Sie womöglich nähere Bekanntschaft mit einem Alligator, Hai oder Barracuda.

— Susan Burke —

OBEN: Graureiher mit dem weißen Gefieder der Jugend

OBEN LINKS: Kanadakraniche finden in den riesigen Grasflächen, der Hauptattraktion der Everglades, reichlich Nahrung.

RECHTS: Paurotis-Palmen und Mergelboden in der Süßwasserzone

RECHTE SEITE: Sonnenuntergang an der Florida Bay, von einer Stelle nahe der Stadt Flamingo aus gesehen

Mammoth Cave

DER 1941 GEGRÜNDETE MAMMOTH CAVE NATIONAL PARK umfaßt das längste bekannte Höhlensystem der Welt. Dieses von Wasser gestaltete Labyrinth liegt unter rund 207 km^2 zerklüftetem Hügelland im Südwesten von Kentucky und wird sich der restlosen Erkundung wohl auf ewig entziehen. Über 528 km Gänge sind bisher erforscht und kartografiert, doch ständig kommen neue hinzu.

Mehrere ineinandergreifende Umstände schufen vor Jahrmillionen dieses unterirdische Zauberland, und es wächst noch heute vor allem aufgrund der reichlichen Niederschläge. Das Dach der Höhle bildet eine Schiefer- und Sandsteinplatte, die auf einer Kalksteinschicht liegt. Diese wurde durch Regenwasser ausgehöhlt, das an sogenannten Dolinen oder Schwundlöchern durch die Oberfläche dringt. Horizontal verlaufende unterirdische Bäche höhlten den Kalkstein weiter aus und sorgten für die Bildung der fünf bekannten »Etagen« der Höhle, von denen die älteste am höchsten, die jüngste am tiefsten liegt. So, wie sich der in Ost-West-Richtung durch den Park fließende Green River immer tiefer in den Fels eingräbt, schneiden sich auch die unterirdischen Bäche immer weiter in den Stein. Inzwischen sind diese Bäche dabei, sich in einer Tiefe von bis zu 137 m neue Rinnen zu suchen.

Da das Höhlensystem der Mammoth Cave vorwiegend durch horizontale Strömungen geschaffen wurde, sind dort relativ wenige Travertinformationen anzutreffen, denn diese werden eher von senkrecht fließendem Wasser geschaffen, das gelösten Kalkspat mit sich führt. Eine faszinierende Ausnahme stellt der Frozen Niagara dar. Während viele Bezeichnungen für Höhlenstrukturen – nach Ansicht Mark Twains – übertrieben sind, trägt der »gefrorene Niagarafall«, eine massive 23 m hohe Felswand mit einer 15 m breiten, orangeweißen Sinterschicht, seinen Namen vollkommen zu Recht. Sinter oder Travertin entsteht, wenn Wasser über Felsvorsprünge herabtropft und sich dort, wo die Tropfen auf dem Höhlenboden auftreffen, Stalagmiten bilden.

Die Temperatur in der Höhle liegt konstant bei 12,4 °C. Bewohnt wird sie von sogenannten Troglobionten, echten Höhlentieren, die das Dunkel niemals verlassen und deshalb im Laufe der Zeit unnütze Körperteile wie Augen und Hautpigmente eingebüßt haben. Zwölf Tierarten, darunter ein Süßwasserkrebs namens Mammoth Cave Shrimp, kommen ausschließlich in diesem Höhlensystem vor. Andere Arten dagegen, etwa die hellgelbe Höhlenschrecke, nennt man Trogloxene (»Höhlenfremde«), weil sie nachts auf der Nahrungssuche die Höhle verlassen müssen, um zu überleben. Zu dieser Gruppe gehört auch die Mausohr-Fledermaus, die in einer einzigen Stunde rund 600 Mücken vertilgen kann. Von den zwölf bekannten Fledermausarten, die häufiger die Höhle besuchen, sind zwei akut bedroht. Mammoth Cave ist sowohl zum Weltnaturerbe als auch zum Internationalen Biosphärenreservat erklärt worden, zum Teil wegen des einzigartigen, sehr empfindlichen Ökosystems der Höhle.

Knapp 20 km weit können Besucher bei Führungen das Innere der Höhle besichtigen, sei es auf einer anstrengenden sechsstündigen Höhlenerforschungstour von 8 km Länge, die zum Teil auf allen Vieren kriechend absolviert wird, oder bei einem 75 Minuten dauernden Rundweg durch Höhlen mit schimmernden Stalagmiten und Stalagtiten. Die sogenannte Historische Tour dauert zwei Stunden und führt über 3,2 km Länge zu historisch wie geologisch interessanten Stellen, etwa zur Rotunde, wo im Krieg von 1812 70 Sklaven Salpeter für die Schießpulverherstellung schürfen mußten, oder zu Kostbarkeiten wie dem Mammoth Dome, einem fast 60 m hohen Schacht, der durch eine Doline entstand. Während der Sommermonate haben Touristen die Auswahl zwischen zwölf verschiedenen Führungen.

Oberirdisch gibt es über 96 km Wanderwege und Straßen durch den Mammoth Cave National Park, darunter einen Weg zur River Styx Spring und zur Echo River Spring, wo das Wasser die Höhle verläßt und in den Green River mündet. Mit gemieteten Kanus oder Pferden kann man den Park ebenfalls erkunden. Das Gebiet ist überwiegend mit Nachwuchswäldern aus Platanen, Hickorynüssen, Eichen und Hemlocktannen bestanden. Fast 900 Arten von Blütenpflanzen bringen Farbe in das Bild. Die Vielfalt der Wildfauna läßt sich mit der in einem Laubwald an der Ostküste vergleichen, zudem sind am Green River ungewöhnliche Vogelarten und Wassertiere heimisch, darunter mehrere endemische Fische und Süßwassermuscheln.

– Leslie Croyder –

Gebänderte Stalagtiten aus Kalksteinsinter

Hot Springs

DER KLEINSTE AMERIKANISCHE NATIONALPARK UMFASST gerade einmal 22 km^2. Die Parkverwaltung betont gern, daß es sich bei Hot Springs um den »ältesten Teil des Nationalparksystems« handelt, denn Präsident Andrew Jackson stellte das Gebiet schon 1832 unter Naturschutz. Der etwa eine Autostunde von Little Rock, Arkansas, entfernt gelegene Park ist vor allem wegen seines mineralreichen Thermalwassers bekannt, das vom Hot Springs Mountain herabfließt. Lange vor der Gründung des Parks 1921 speiste dieses natürliche Wasserreservoir ausgedehnte Badehaussiedlungen, die sich zu Beginn des 20. Jahrhunderts an der Central Avenue entlangzogen. Sie sind heute in restaurierter Form zu besichtigen. Schon früh zog es Touristen zu den heißen Quellen, in denen bereits 1561 Hernando de Soto und seine Männer badeten.

Im Herzen des heutigen Nationalparks liegt eine freundliche kleine Stadt inmitten einer hufeisenförmigen Hügelkette. Zu diesen sogenannten Zig Zag Mountains gehört der Ostrand der Ouachita-Bergkette. Um einiges höher liegt der Hot Springs Mountain, an dessen flacherer Westseite, der »Ablaufzone«, 47 heiße Bäche hinabfließen. Die meisten davon wurden inzwischen überdeckt, um eine Verschmutzung des »Heilwassers« zu verhüten. Der Park umfaßt darüber hinaus auch die »Nachlaufzone«, also das Gebiet, in dem Regen und Schmelzwasser in den Boden einsickern und allmählich die Quellen speisen.

Das wegen seiner natürlichen Keimfreiheit berühmte Wasser tritt mit einer Temperatur von rund 62 °C aus. Etwa 4000 Jahre vergehen, bis aus Schnee oder Regen mineralreiches heißes Wasser entsteht. Regen- und Schmelzwasser sickern durch Spalten in die Erde und dringen immer tiefer ins Erdreich, wo sie von den zunehmend wärmeren Gesteinsschichten erhitzt sowie von Verunreinigungen befreit werden und zugleich Mineralien aus dem Gestein herauswaschen. Schließlich gelangen sie zu den Verwerfungen und Brüchen in der Sandsteinschicht an der Westseite des Hot Springs Mountain und treten dort aus dem Fels. Der Aufstieg zur Erdoberfläche dauert rund zwei Jahre und geht damit verhältnismäßig schnell, so daß das Wasser wenig Zeit zum Abkühlen hat. Aus den Quellen sprudeln täglich rund 3.400 m^3 Wasser, die durch ein komplexes Rohrsystem in das Speicherbecken des Parks abgeleitet werden. Von hier aus werden die kommerziellen Badehäuser des Parks ebenso gespeist wie die kostenlosen »Jug Fountains«, wo Besucher das in Trinkwasserqualität vorliegende Naß kosten können.

Das Besucherzentrum an der Central Avenue ist ein Museum mit 23 Räumen, in denen glänzende sanitäre Anlagen und luxuriöse Bäder zu bestaunen sind. Dieser »Tempel der Gesundheit und Schönheit« zeigt, wie Möblierung und Einrichtungen aussahen, in denen die Kurgäste von 1915 bis 1920 behandelt und verwöhnt wurden. Eine komplette dreiwöchige Kur umfaßte tägliche Bäder und Massagen. Im nahe gelegenen Buckstaff Bathhouse können die Besucher auch heute noch die angenehme Wirkung des heißen Quellwassers am eigenen Leibe ausprobieren. Auch die Badehäuser des Hotels sind öffentlich.

Zu allen Jahreszeiten, außer im Winter, können sich die Besucher von Rangern zu Fuß zu den offenen heißen Quellen führen lassen oder über spezielle Wege, meist ab Central Avenue, auf eigene Faust die Landschaft erkunden. Folgt man dem Hot Water Cascade Trail, gelangt man an Blöcke aus Kalktuff, ein milchweißes, poröses Gestein, das durch die Ablagerung von Mineralien aus dem Quellwasser entsteht und Jahr für Jahr um etwa 3 mm wächst. Das Wasser enthält lediglich zwei Lebensformen, zum einen blaugrüne Algen und zum anderen den Muschelkrebs, ein nur sandkorngroßes Mini-Krustentier. Wer das heiße Quellwasser in seiner natürlichen Umgebung sehen will, sollte den Wanderweg zu den Open Springs wählen, wo zwei Quellen in ein gemeinsames Becken münden.

Der Park hat nur einen Campingplatz für Zelte und Wohnwagen in etwa 4,8 km Entfernung von der Stadt an der Gulpha Gorge. Die Parkwege führen hier durch Wälder mit Eichen, Hickory und Fichtenkiefern. Im Vorfrühling blühen in den unteren Waldetagen Judasbäume und Hartriegel. Im Herbst bietet der Park ein von den Panorama-Bergstraßen aus gut sichtbares, faszinierendes Farbspiel.

– Leslie Croyder –

Links: Eichenwald in den Zig Zag Mountains

Rechts: Die Badehäuserreihe entlang der Central Avenue, vom umgebenden Wald aus gesehen

Voyageurs

DASS DER VOYAGEURS NATIONAL PARK SO MALERISCH ist, liegt insbesondere an dem vielen Wasser, das etwa ein Drittel der Parkfläche bedeckt. Voyageurs erstreckt sich 88 km entlang der Grenze zwischen den USA und Kanada und umfaßt insgesamt etwa 30 Seen mit über 900 Inseln. Der 1975 gegründete Park ist Minnesotas einziger Nationalpark und gehört zu den beliebtesten Wassersportgebieten Amerikas.

Die Seenplatte ist ein Geschenk der Gletscher. Die riesigen, ungeheuer schweren Eisplatten überquerten das Gebiet während der letzten Millionen Jahre mindestens viermal. Als die Gletscher sich nach Norden zurückzogen, bildeten sich Seen in den Senken, die sie zurückließen. Solche Gletschertöpfe sind in diesem Park allgegenwärtig. Sie entstanden durch riesige Eisblöcke, die vom Gletscher abbrachen und zurückblieben, als sich dieser fortschob. Von Geröll und Schutt bedeckt, schmolzen sie nur langsam im Laufe vieler Jahrhunderte, bis schließlich wassergefüllte Senken entstanden.

Der große Nadelwald im Norden des Parks ist ein wichtiger Teil der aus Seen, Sümpfen, Bächen und Marschen zusammengesetzten Landschaft. Die bewaldeten Gebiete umfassen teils den ursprünglichen Baumbestand, teils Nachwuchs. Im Flachland finden sich Schwarzkiefern, Lärchen, Zedern, Eschen und Weiden, während in den felsigen, trockeneren Höhenlagen eher Rot-, Weymuth- und Strauchkiefern neben Weißfichten, Balsamtannen und Espen anzutreffen sind. Unter der Erdschicht aber liegen Felsblöcke, die Rückschlüsse auf die Ursprünge dieser Region vor 2,7 Milliarden Jahren erlauben.

Im Flachland des Parks gedeihen Gruppen von Papierbirken, die man leicht an ihrer weißen, papierdünnen Rinde erkennt. Dieser Baum steht sinnbildlich für den Charakter des Voyageurs National Park. Er ist nämlich nach den Frankokanadiern benannt, die als Pelzhändler Ende des 18. und zu Beginn des 19. Jahrhunderts in Birkenrindenkanus unterwegs waren. Diese Männer, Voyageurs genannt, waren für ihr Stehvermögen ebenso berühmt wie für ihre Lieder. Die Kanuroute, die sie zwischen Nordwestkanada und Montreal einrichteten, wurde im Friedensvertrag, der den amerikanischen Unabhängigkeitskrieg beendete, als Grenzverlauf übernommen.

Der 880 km^2 große Park umfaßt vier große Seen – Lake Rainy, Kabetogama, Namakan und Sand Point –, einen Uferstreifen, die Halbinsel Kabetogama und darüber hinaus unzählige kleinere Seen, Inseln, Flüsse und Bäche. Der Park steht das ganze Jahr über für Besucher offen, wenn auch der anhaltende Frost vom Spätherbst bis zum Vorfrühling den Zugang erschwert. Im Winter bewegen sich die Touristen mit Schneemobilen, Schneeschuhen, Schneekufenflugzeugen oder auf Langlaufskiern fort, im Sommer zu Fuß oder mit Wasserflugzeugen, eigenen oder gemieteten Motorbooten, Hausbooten und Kanus. Viele verlassen sich auf erfahrene Führer, die ihnen das schwierige Navigieren in den verzweigten Gewässern erleichtern.

Die meisten Besucher finden eine Unterkunft in einem der vier unmittelbar vor den Parktoren gelegenen Ferienorten und brechen von Kabetogama Lake, Rainy Lake, Crane Lake oder Ash River aus zu Touren auf. Wer nur wenig Zeit mitbringt, ist am Kabetogama Lake bestens aufgehoben, denn von dort aus kommt man zu Fuß, mit dem Boot oder Kanu mit oder ohne Führer weiter. Manche Besucher lassen sich auch rasch mit dem Boot über den See fahren und wandern anschließend gut 3 km zum Locator Lake, wo sie ein eigens für sie verstecktes Kanu übernehmen. Ebenfalls lohnend ist eine Tagesrundfahrt mit dem Schiff zu den Kettle Falls, einem Zusammenfluß mehrerer Wasserstraßen, an dem sich einst Indianer, Voyageurs und andere Grenzgänger trafen. Mittags wird

LINKS: Blühende Algen färben das Wasser des Kabetogama Lake bunt.

OBEN: Der Cranberry Creek entspringt im Locator Lake und schlängelt sich durch die urwüchsigen Wälder von Minnesotas einzigem Nationalpark.

am schindelgedeckten Kettle Falls Hotel Rast gemacht, das 1910 ursprünglich für die Holzfäller gebaut wurde und auch heute noch Übernachtungsgäste annimmt, allerdings nur mit langfristiger Voranmeldung.

Ob im Winter mit Schneemobilen oder im Sommer auf Wasserskiern, der Park bietet Besuchern stets eine große Vielfalt an Aktivitäten, aber auch Freiräume für Liebhaber naturnahen Campings am Wasser oder im Wald. Angler finden reichlich Starraugen, Hechte und Schwarzbarsche vor, und auch Wildbeobachter kommen auf ihre Kosten. Zu den ganzjährigen Bewohnern des Parks gehören Schwarzbär, Rotfuchs, Biber, Fischotter und Weißkopfseeadler.

– Leslie Croyder –

Namakan Lake gehört zu den schönsten Seen dieser wasserreichen Wildnis.

Rentierflechten

Isle Royale

DER WILDE, ZERKLÜFTETE ARCHIPEL DES ISLE ROYALE National Park liegt an der Nordwestecke des Lake Superior und ist ausschließlich mit dem Boot oder Wasserflugzeug erreichbar. Aufgrund seiner isolierten Lage nimmt Isle Royale unter den Nationalparks eine Sonderstellung ein. Während die durchschnittliche Besuchsdauer der übrigen Parks lediglich vier Stunden beträgt, sind es hier dreieinhalb Tage. Die Besucher bleiben zwar länger, doch verirren sich nur wenige hierher. Yellowstone beispielsweise zählt an einem einzigen Tag mehr Touristen als die rund 18.000 Menschen, die pro Jahr die Isle Royale ansteuern, rund die Hälfte von ihnen Rucksacktouristen. Das entlegene Gebiet in dem zu Michigan gehörenden Keweenaw County wurde 1940 zum Nationalpark und 1981 zum Internationalen Biosphärenreservat erklärt.

Teiche, Bäche, Flüsse und der Lake Superior machen 80 Prozent der fast 2.330 km² Fläche des Isle Royale National Park aus. Rings um die 72 km lange Hauptinsel liegen über 400 kleinere Inseln. Aus der Vogelperspektive wirkt der Greenstone Ridge, der sich längs über die Insel ziehende Felskamm, wie das Rückgrat des Parks. Die Isle Royale wurde aus der Fläche des späteren Lake Superior aufgetürmt, als der Wisconsin-Gletscher während der letzten Eiszeit vor 10.000 Jahren bei seinem Rückzug die Landschaft formte.

Die Ursprünge der Isle Royale reichen allerdings zurück in eine Zeit, als durch eine riesige Spalte in der Erdkruste Magma austrat und Tausende Quadratkilometer überdeckte. Das Gebiet um diesen Graben sackte ab und bildete das Becken des Lake Superior. Im 1,1 Milliarden Jahre alten Grundgestein des Parks ist diese Umwälzung noch anhand eines Gemischs von Basalt-Eruptivgestein, Sandstein und Konglomerat ohne fossile Einschlüsse nachzuvollziehen. Mit zunehmender Neigung und Erosion dieser Gesteinsschichten entstand das heute vorherrschende Muster von Mulden und Kämmen. Die aufragenden Grate bestehen aus hartem Basalt, während die Täler die Bereiche darstellen, in denen der Sandstein nach und nach verwitterte.

Die beiden Häfen der Isle Royale, Rock Harbor und Windigo, stehen Besuchern von Mitte Mai bis Mitte Oktober offen und bieten unternehmungslustigen Reisenden eine Vielfalt an Aktivitäten. Boote sollten mehrere Monate im voraus gebucht werden und können von drei Stellen aus ablegen: Grand Portage (Minnesota), Houghton und Copper Harbor (beide in Michigan). Die kürzeste Überfahrt zur Insel vom Grand Portage nach Windigo dauert zwei Stunden, nach Rock Harbor muß man das Zwei- bis Dreifache einkalkulieren. Die meisten Besucher bringen ihre eigene Ausrüstung mit und zelten umweltfreundlich und ohne Abfälle zu hinterlassen in freier Natur, wo man am besten die erfrischend schlichte Ursprünglichkeit der Insel genießen kann. Mit einem seetüchtigen Boot läßt sich die Inselwelt auf eigene Faust erkunden. Wer nicht zelten möchte, sollte rechtzeitig im voraus eines der acht Zimmer in der Rock Harbor Lodge buchen, dem einzigen Gasthof der ansonsten unerschlossenen Insel.

Angesichts der über 264 km Fußwege bietet sich die Erforschung der Insel auf Schusters Rappen an. Balsamtannen, Weißfichten und -birken gedeihen auf den Graten der Hauptinsel, während in den Sumpfgebieten die Schwarzfichte überwiegt. Zu den berühmtesten Bewohnern gehören die dort ursprünglich nicht heimischen Wölfe und Elche, anhand derer Biologen seit fast 50 Jahren das Verhalten von Raub- und Beutetieren untersuchen.

Ihren Namen verdankt die Insel der Tatsache, daß sie einst französisch war. Naturschützer bieten geführte Touren mit dem Boot, Kanu und zu Fuß an, bei denen die Geschichte der Insel einschließlich einer einstigen Kupfermine und Fischfangflotte ebenso zur Sprache kommt wie die Naturgeschichte des Parks. Per Boot kann man sich zu den äußeren Inseln fahren lassen. Angler kommen das ganze Jahr über auf ihre Kosten, vor allem aber im Frühling und Herbst. Mit Atemgeräten ausgestattete Taucher können die großen Schiffswracks rings um die Insel erkunden, darunter die Überreste des 1928 gesunkenen 56 m langen Dampfers »America«.

– Leslie Croyder –

Die Morgensonne läßt das Wasserparadies der Isle Royale aufleuchten.

RECHTE SEITE: **Ein felsiger Flußarm bei Tookers Island nahe dem Nordostende des Isle Royale National Park**

Isle Royale

Theodore Roosevelt

DER ZUM ANGEDENKEN AN DEN SECHSUNDZWANZIGSTEN Präsidenten der USA benannte Nationalpark ist ein Tribut an die »Badlands« mit ihren eigentümlichen Felsformationen. Diese phantastischen Formen und Bänderungen entstanden durch die Einwirkung von Wind und Wasser. Der 1978 gegründete Park umfaßt drei vom Little Missouri River durchflossene Stätten am Westrand von North Dakota. In diesem von extremen Gegensätzen gekennzeichneten Klima, in einer Gegend, die eher an eine Mondlandschaft erinnert, versuchte sich Roosevelt von 1884 bis 1896 als Viehzüchter. Als US-Präsident richtete er später fünf Nationalparks ein und gründete den U.S. Forest Service als nationale Forstaufsichtsbehörde. Die zwölf Jahre in den Badlands sah Roosevelt als entscheidend für seinen Werdegang an: »Ohne die Erfahrungen, die ich in North Dakota gesammelt hatte, wäre ich niemals Präsident geworden.«

Spitzkegel, Hochebenen und Täler zeichnen die Landschaft der Badlands aus. Ihre Ursprünge reichen 65 Millionen Jahre zurück bis in die Zeit, als Wasserläufe aus den gerade aufgetürmten Rocky Mountains Sedimente in diesem Gebiet abluden, das später zum Little Missouri River und seinen Zuflüssen wurde. Auch heute noch setzt sich das Wechselspiel von Ablagerung und Erosion fort.

Die eigentümliche Schönheit der Badlands beruht auf der ungeheuren Gestaltungskraft der Erosion. Mitten in der Talsohle liegen Findlinge, die so, wie sie sind, von den steilen Felswänden des Canyons herabgerutscht sind. Die Bänderung dieser gigantischen Puzzleteile gibt Aufschluß darüber, von welchen Felsabbrüchen sie stammen, auch wenn die Bruchflächen dort ebenfalls verwittert sind und die Felswände von ihrer ursprünglichen Position zurückgewichen sind. Die sogenannten Pilzfelsen tragen ihren Namen zu Recht, denn sie bestehen aus einer stabilen Deckplatte, die als Schutzschild für die darunterliegenden Sedimente diente, während das weichere Gestein ringsum abgetragen wurde. Viele Teile des Parks sind noch »in Arbeit«, etwa die für die Badlands typischen, merkwürdig geformten und wie poliert wirkenden Felsen, die der heftige, Sand führende Wind zurechtgeschliffen hat. Die ziegelroten Felsen der Badlands sind nicht vulkanischen Ursprungs, auch wenn das Gestein lokal als Gesteinsschlacke bezeichnet wird. Es bildete sich vielmehr, als eine Braunkohlenschicht sich entzündete und ringsum allen Lehm und Sand zu einer Art natürlichem Ziegel brannte.

Je nach Niederschlagsmenge ist die Vegetation des Parks sehr unterschiedlich. In den sonnenreichen südlichen Gebieten, wo das Wasser rasch verdunstet, wächst kaum etwas außer Gras, während an den relativ feuchten Nordhängen Wacholder gedeiht und in Flußnähe unten im Tal riesige amerikanische Pappeln stehen. Vom Vorfrühling bis zum Spätherbst blühen zahlreiche Wildblumenarten. Neben den seit jeher in diesem Gebiet heimischen Bisons, Wapitis und Gabelantilopen, den größten Parkbewohnern, beherbergen die Badlands auch Präriehunde, Klapperschlangen und viele Singvögel wie beispielsweise den von Roosevelt so heißgeliebten Wiesenstärling. Schon zu seiner Zeit lebten in dieser Gegend zwei eigentlich dort nicht heimische Tierarten, nämlich eine Herde Langhornrinder und Wildpferde.

Die drei Teile des Parks, die zusammen 285 km² ausmachen, liegen 112 km auseinander. Obwohl der Park ganzjährig geöffnet ist, bietet sich der Sommer als ideale Reisezeit an, da die Tage lang sind und ein umfangreiches Programm an Aktivitäten angeboten wird. Während der Wintermonate sind einige Parkstraßen wegen der rauhen Witterung gesperrt. Zu allen Jahreszeiten sind im Park erstaunlich wenig Besucher zu sehen. Die Erkundung des Nord- und Südteils ist nur bedingt mit dem Auto möglich und muß teilweise zu Fuß oder im Südteil auch mit Mietpferden erfolgen. Wer nur einen Tag oder ein paar Stunden Zeit hat, findet im Südteil eine 58 km lange malerische Panorama-Rundstraße und die größte Ansammlung versteinerter Bäume im ganzen Parkgebiet. In dem zwischen dem Nord- und Südteil gelegenen Bereich stand einst Roosevelts Elkhorn Ranch. Zu sehen sind allerdings nur noch die Fundamente seines zweiten Wohnhauses. Das unerschlossene Gebiet ist je nach Straßenverhältnissen für Besucher geöffnet.

– Leslie Croyder –

Kanonenkugelförmige Konkretionen gehören zu den eigentümlichen Gesteinsformationen, die durch Erosion entstanden sind.

Der Little Missouri River hat tatkräftig zur Gestaltung der Badlands beigetragen.

Badlands

UM NACHZUVOLLZIEHEN, WIE DER BADLANDS NATIONAL Park zu seinem Namen kam, muß man weit in der Zeit zurückreisen. Weder die Indianer noch die ersten Europäer konnten dieser rauhen, oft furchteinflößenden Gegend viel abgewinnen. Die Lakota nannten das Gebiet »mako sica«, französische Trapper »les mauvaises terres à traverser« – beides bedeutet grob übersetzt »schlechtes Land«, auf Englisch »bad lands«. Heute besucht rund eine Million Menschen den 987 km² großen Park in rund 112 km Entfernung von den Grand Rapids in South Dakota, um sich selbst ein Bild zu machen. Der 1978 gegründete Park umfaßt drei Teile. Im Nordteil ist die Orientierung am leichtesten. Im Süden, unweit des White River, liegen im Pine Ridge Reservat die Teile Stronghold und Palmer Creek, die unter gemeinsamer Verwaltung des National Park Service und der Oglala-Lakota-Indianer stehen.

Aus der erdgeschichtlichen Entwicklung des Gebietes läßt sich ableiten, wie die geologischen Kostbarkeiten und die eindrucksvolle Landschaft entstanden sind. Vor etwa 75 Millionen Jahren gehörte dieser Bereich zu einer großen Schwemmebene. Im Laufe der folgenden 10 Millionen Jahre wurden durch Verschiebungen der Kontinentalplatten die Rocky Mountains aufgetürmt, das flache Meer zog sich allmählich zurück. Während der folgenden Jahrmillionen erwärmte sich das Klima und wurde feucht, so daß sich subtropischer Wald entwickeln konnte. Als es später allmählich wieder kühler und trockener wurde, ging der Wald in Savanne und später in die heutige Prärie über. Die spektakulären Felsformationen des Parks mit ihrer typischen Schichtung und manchmal glatt polierten Oberfläche entstanden über Jahrmillionen durch Auswaschung. Die beeindruckendste Felswand heißt The Wall und ist eine wüste Aneinanderreihung von Steilwänden, Zinnen, Pfeilern und Schluchten. Die 0,8 bis 4,8 km breite kolossale Formation bildet das Wahrzeichen und die Hauptattraktion des Parks.

Für alle Zeit in den Fels eingeschlossen finden sich zahlreiche Fossilien. Der einstige Meeresgrund besteht aus grauschwarzem Sedimentgestein, sogenanntem Pierre, in dem urzeitliche Wirbellose wie der ausgestorbene Kopffüßer Baculites zu finden sind, ein Ammonit mit tintenfischartigem Körper und einer langen, spiralig aufgerollten Schale an einem Ende. Die leuchtend roten Bänderungen der Spitzkegel enthalten Fossilien aus dem Oligozän, dem Erdzeitalter vor 23 bis 35 Millionen Jahren. Die im Park vorherrschenden fossilreichen Böden liefern zudem Aufschlüsse über große und kleine ausgestorbene Säugetiere, etwa die schafähnlichen Oreodonta, den Kaninchen-Vorfahren Paläolagus, das Metamynodon, ein riesiges, stämmiges Nashorn, und Hoplophoneus, eine der ersten Säbelzahnkatzen.

Der heutige Park umfaßt die größte Mischgrasprärie Nordamerikas. Die rund 56 Grasarten sind nicht nur widerstandsfähig gegen Beanspruchung und Trockenheit, sondern sogar gegen die häufigen Brände und den scharfen Wind. Sie bilden deshalb die Lebensgrundlage für viele im Park vertretene Tierarten. Die einst in den Badlands heimischen Bisons und Dickhornschafe wurden inzwischen erfolgreich wiedereingebürgert, jüngster Neuzugang ist der Schwarzfußiltis. Die Rückführung bedrohter Arten in ihren alten Lebensraum ist nur durch gezielte Nachzucht und Auswilderung möglich.

Aufgrund der riesigen Parkfläche sind Besucher auf das Auto angewiesen, können aber auch vieles zu Fuß erkunden. Wanderungen auf eigene Faust sind ebenso gestattet wie wildes Zelten. Im Nordteil befindet sich ein ganzjährig geöffnetes Besucherzentrum mit Übernachtungsmöglichkeit in Form einer Lodge und eines Campingplatzes. In diesem Teil des Parks gibt es zudem eine 142 km lange Panoramastraße mit zahlreichen Rastplätzen, ausgeschilderten Wanderwegen und Naturlehrpfaden. Mit 259 km² ist die Sage Creek Wilderness ideal zur Wildbeobachtung.

Besucher, die auch ein wenig Unbequemlichkeit in Kauf nehmen, finden im Südteil des Parks ein aufregendes Revier. Im ganzen Park bietet der Sheep Table Mountain den wohl spektakulärsten Ausblick auf die klassischen Badlands. Wer eine topographische Karte lesen kann und bereit ist, seinem Wagen größere Strapazen zuzumuten und diverse Tore zu öffnen und wieder zu schließen, sollte den Weg zum heiligen Bezirk des Stronghold Table nicht scheuen. Hier fand 1890 der letzte Geistertanz statt, wenige Tage, bevor am 40 km südlich gelegenen Wounded Knee über 150 Lakota-Indianer niedergemetzelt wurden.

– Leslie Croyder –

LINKS: Die Badlands vom Sheep Table Mountain aus gesehen

RECHTS: Die rot gebänderten Kuppen der Badlands sind eine Fundgrube für Fossilien aus dem Oligozän.

RECHTE SEITE: The Wall umfaßt Felsformationen, die stellenweise bis zu 4,8 km breit sind. Die »Mauer« ist ein Wahrzeichen der Prärie.

Wind Cave

NICHT ALLE ATTRAKTIONEN DES WIND CAVE NATIONAL Park liegen unter der Erdoberfläche. Der im Südwesten von South Dakota gelegene Park wurde 1903 als siebter Nationalpark der USA gegründet, zunächst, um ein schier grenzenloses Höhlensystem zu schützen. Kaum ein Jahrzehnt später wurde auch der oberirdische Teil des Parks unter Naturschutz gestellt. Pflanzen- und Tierarten aus dem Osten wie dem Westen der USA leben hier einträchtig nebeneinander in einer ungewöhnlichen Landschaft, in der die Mischgrasprärie der westlichen Great Plains und die Goldkiefernwälder der Black Hills aufeinandertreffen.

Die ursprünglich durch den Nationalpark geschützte Höhle ist nach den heftigen Winden benannt, die dort ein- und ausgehen und den Luftdruck zwischen den innen liegenden Stollen und der Außenwelt ausgleichen. Das Pfeifen dieses Windes lockte die Brüder Jesse und Tom Bingham 1881 zum einzigen natürlichen Zugang der Höhle. Geschäftstüchtige Ortsansässige erkundeten die Wind Cave und boten schon bald neben Abschlägen der wunderschön geformten Mineralien Führungen durch das Höhlensystem an, wobei sich das Honorar nach der Zahl der dabei verbrauchten Kerzen berechnete. Geschäftsleute, die etwa Postkutschenfahrten von den nahe gelegenen Hot Springs zur Höhle organisierten, priesen Wind Cave als »großartige Laune der Natur« an.

Nach über einem Jahrhundert kommerzieller Ausbeutung bildet Wind Cave heute eines der längsten Höhlensysteme der Welt. Erforscht sind Gänge von insgesamt 125 km Länge. Barometrische Untersuchungen der Windverhältnisse in der Höhle legen nahe, daß jedoch lediglich rund 5 Prozent des gesamten Höhlensystems bekannt sind. Die in älteren Teilen gefundenen roten Lehm- und Sandsteinsedimente entstanden vor rund 320 Millionen Jahren als Ablagerungen eines Urmeeres. Die jüngeren Höhlengänge bildeten sich vor rund 60 Millionen Jahren, als die nahe gelegenen Black Hills durch dieselben Kräfte emporgeschoben wurden, die auch die Rocky Mountains auffalteten. Als Folge bildeten sich riesige Risse in den Kalksteinschichten unterhalb des heutigen Parks. In weiteren Jahrmillionen sickerte Wasser ein, das den Kalkstein aushöhlte, bis sich ein Labyrinth von Gängen bildete.

Seltene, zerbrechliche Mineralien schmücken die Wände der Wind Cave, in der konstant 11,7 °C herrschen. Häufig findet sich ein als »Boxwood« bezeichneter, wie eine unregelmäßige Honigwabe geformter Kalkspat-Wandsinter, der in diesen Mengen einzigartig auf der Welt ist. Von den bekannteren Stalagtiten und Stalagmiten gibt es dagegen wegen der geringen Wassermengen nur wenige. Ganzjährig finden Führungen zu den schönsten Stellen der Höhle statt. Im Sommer werden verschiedene Optionen angeboten, darunter eine zweistündige Führung, die wie um 1890 nostalgisch bei Kerzenschein erfolgt, und eine doppelt so lange Tour über rauhere Wege, bei der die Besucher die Höhle richtig erforschen können.

Rund 75 Prozent des Parks bestehen aus Prärie. Das Gelände umfaßt ein Stück der Great Plains in einem ursprünglichen Zustand, wie es die Pioniere im 18. Jahrhundert auf ihrem Zug nach Westen gesehen haben mögen. Interessant ist auch eine Übergangszone zwischen Prärie und Kiefernwald, in der typische Arten aus dem Osten und dem Westen der USA leben. Hierzu gehören Bisons, Wapitis und Gabelhirsche, die nach Ausrottung durch Wilderer in den 1880er Jahren wieder in ihrem angestammten Gebiet angesiedelt wurden. Die rund 350 Bisons des Parks sind Nachkommen von 14 Tieren, die 1913 der Zoo der Bronx stiftete. Besuchern bieten sich einzigartige Gelegenheiten, die zotteligen Giganten zu beobachten, da ihr Lebensraum auf rund 114 km² beschränkt ist.

Panoramastraßen, auf denen auch Radfahrer auf ihre Kosten kommen, schlängeln sich durch die Prärien, Wälder und Hügel des Parks. Es gibt 48 km Wanderwege und zwei Naturlehrpfade: einer mit malerischer Aussicht, der andere genau an der Stelle, an der Wald und Prärie aneinandergrenzen. Interessant ist auch ein Picknick in einer Goldkiefernschonung. Übernachtungsmöglichkeiten gibt es auf dem von April bis Oktober geöffneten Campingplatz, ansonsten steht das Parkgelände zum Zelten offen.

– Leslie Croyder –

OBEN LINKS: Mit solchem porösem Kalkspatsinter sind weite Teile der Wind Cave ausgekleidet.

OBEN RECHTS: Präriehunde bauen Dämme und Tunnel, um ihre Behausungen vor Wasser und Wind zu schützen.

UNTEN: Bisons wurden in ihre früheren Weidegebiete, einer Mischlandschaft aus Prärie und Kiefernwald, wiedereingebürgert.

RECHTE SEITE: Ein doppelter Regenbogen über der Prärie – ein Blick, wie er sich Pionieren auf ihrem Treck geboten haben mag.

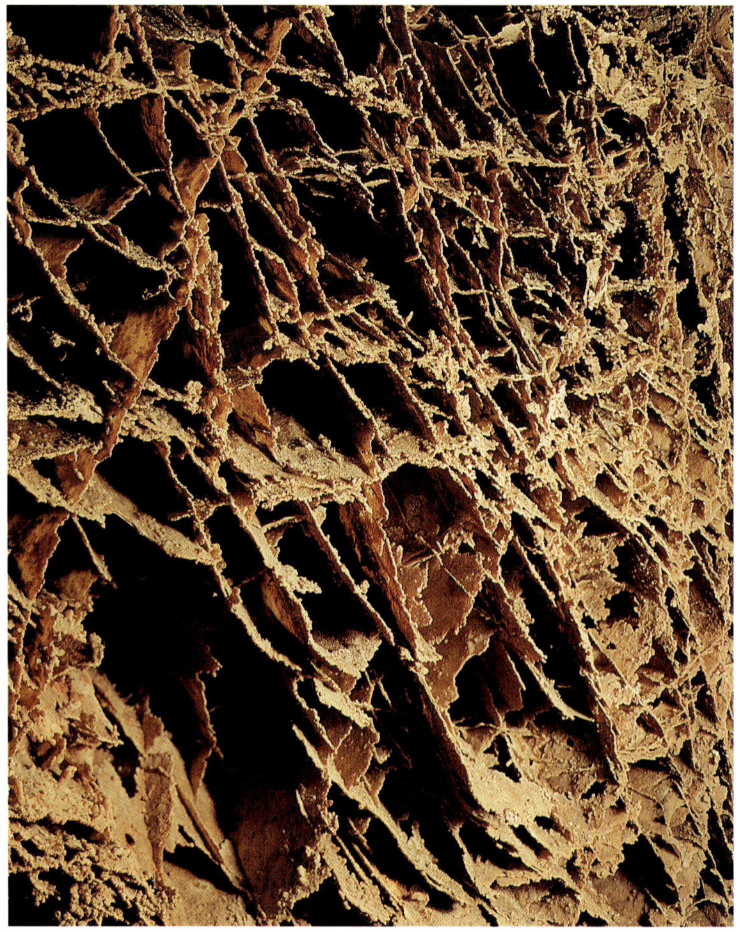

Big Bend

Auf seinem Weg an der Grenze zwischen Texas und Mexiko nach Süden macht der Rio Grande eine abrupte Biegung nach Norden und setzt dann seinen Weg zum Golf von Mexiko fort. Innerhalb der hufeisenförmigen Flußschleife liegt ein Stück Chihuahua-Wüste, die zum Big Bend National Park erklärt wurde. Der entlegene Park bedeckt eine Fläche von über 3.100 km^2 mit unvergeßlichen Panoramen der umgebenden Badlands. Blickpunkte in der Landschaft sind Vulkankegel, steile, enge Canyons und Schwemmebenen mit üppig wucherndem Urwald. Trotz des rauhen, unvorhersehbaren Wetters sind hier zahlreiche Tierarten heimisch.

Der Rio Grande fließt 189 km am Südrand des Parks entlang und durchschneidet dabei die drei riesigen Canyons Santa Elena, Mariscal und Boquillas. Die Aussicht im Big Bend National Park wird überall von Bergen begrenzt. Sie bestehen überwiegend aus Schiefer- und Kalksteinablagerungen urzeitlicher Meere und wurden vor rund 75 Millionen Jahren emporgedrückt, wobei zugleich der mittlere Teil des Parks absank. Im Zentrum der Parkfläche erheben sich die Chisos Mountains, die südlichste Bergkette der kontinentalen US-Staaten. Sie entstand durch Vulkanausbrüche vor rund 35 Millionen Jahren.

Vor etwa 10.000 Jahren erstreckten sich auf dem heutigen Wüstenboden Pinien- und Wacholderwälder, doch mit zunehmender Klimaerwärmung wich die Baumgrenze immer weiter zurück. Am Ostende des Boquillas Canyon erreichen die Berggipfel lediglich 550 m, während der Emory Peak in den Chisos Mountains stolze 2.385 m mißt. Die Vegetation ist entsprechend unterschiedlich: Wüstensträucher gehen über in Rauhschopfgras und dieses in Wälder mit Pinien, Wacholder und Eichen. Insgesamt wurden im Big Bend über 1.000 Pflanzenarten ermittelt, darunter auch 60 Kakteen, die mit ihren Wogen grellbunter Blüten die Wüstenlandschaft beleben.

Über 400 Vogelarten wurden im Big Bend gesichtet, mehr als in jedem anderen Nationalpark der USA. Zu ihnen gehört etwa der bedrohte Wanderfalke, dessen Nistplätze geschützt im Park liegen, sowie der graugelb gefärbte Colima-Sänger, der als Zugvogel aus dem gleichnamigen mexikanischen Bundesstaat zum Brüten ausschließlich hierher kommt. Der faszinierendste Parkbewohner allerdings ist längst ausgestorben. Im Zeitalter der Saurier war hier der Quetzalcoatl heimisch, ein texanischer Flugsaurier, der mit gut 10 m Flügelspannweite das größte bekannte flugfähige Tier war.

Für die Besichtigung von Big Bend sind ein robuster PKW und Wanderstiefel zu empfehlen. Etwa 48 km der Wanderwege des Parks sind leicht bis mittelschwer. Vor allem das Chisos Basin ist bei Wanderern beliebt. Auch zu Pferd oder mit dem Fahrrad läßt sich der Park erkunden, allerdings kann man dort weder das eine noch das andere mieten. Eine atemberaubende Perspektive des Big Bend erhalten Besucher bei einer Floßfahrt auf dem Rio Grande. Dessen Stromschnellen zählten früher zu den gefährlichsten Wildwassern Amerikas, sind jedoch inzwischen durch Staudämme, die den Wüstenorten Strom und Wasser liefern, weitgehend beruhigt worden. Die zwischen einem Tag und zwei Wochen dauernden Touren sind dennoch auch heute noch ein Erlebnis und bringen den Besucher in engen Kontakt mit dem wilden, malerischen Fluß. Bei der Chisos Lodge kann man Bungalows oder Zimmer mieten, und auch die Camping- und Zeltplätze des Parks sind außerhalb der Hauptsaison so gut wie nie überfüllt.

Am Big Bend gibt es jede Menge zu sehen und viele Geschichten zu hören. Die Fahrt von Panther Junction zum Persimmon Gap führt über eine Strecke, auf der einst Komantschen auf den Kriegspfad gingen. Von dieser Straße aus kann man Abstecher zu Dinosaurierfossilien, zu den 70 Pfund schweren weißen Blütenständen riesiger Yuccapflanzen oder nach Glenn Springs machen, einer Pionierstadt, die nach einem Überfall 1916 verlassen wurde. Eine andere Route bietet Gelegenheit zum Picknick bei Dugout Wells nahe einer Quelle, an der sich viele Wildtiere einfinden, und zur anschließenden Weiterfahrt in östlicher Richtung zur mexikanischen Grenzstadt Boquillas, die man zu Pferd besichtigen kann. Die Besucher haben die Qual der Wahl zwischen den vielen interessanten Aspekten des Parks.

– Leslie Croyder –

Rechts: Blick vom Südrand der Chisos Mountains auf die Sierra Quemada

Unten: Der Rio Grande fließt zwischen tief den in den Fels geschnittenen Wänden des Santa Elena Canyon hindurch.

Rechte Seite: Die spitzen Blätter der Agave imitieren die gezackten Gipfel der Chisos Mountains, einer relativ jungen Bergkette im Herzen des Big Bend National Park.

Guadalupe Mountains

PLÖTZLICHE GEWITTER UND DIAMANTKLAPPERSCHLANGEN gehören sicher nicht zu den angenehmsten Seiten des Guadalupe National Park, sind aber dennoch fester Bestandteil dieser rauhen Landschaft. Kaum eine Autostunde von den Carlsbad Caverns entfernt ragt der höchste und südlichste Teil der 80 km langen Guadalupe-Bergkette hoch über die scheinbar unfruchtbare Ebene der Chihuahua-Wüste hinaus. Etwa die Hälfte des 350 km^2 großen Parks ist naturbelassene Wildnis. Die Schönheit des teils aus Wüste, teils aus bewaldeten Canyons und teils aus Hochwald bestehenden Parks im Westen von Texas liegt gerade im abwechslungsreichen Gelände.

Außerhalb von Texas wird der Park unter Touristen fast als Geheimtip gehandelt. Gegründet wurde er 1979, nachdem der National Park Service mehrere Ranches aufgekauft hatte, darunter Land im McKittrick Canyon, das der Erdölgeologe Wallace Pratt 1959 gestiftet hatte. Derzeit ist die Parkverwaltung dabei, weitere 4.050 ha hinzuzukaufen, beispielsweise die farbenprächtigen Quarz- und Gipsdünen aus den Ablagerungen eines tropischen Meeres, das vor über 250 Millionen Jahren Teile von Texas und New Mexiko bedeckt hatte.

Geologen aus der ganzen Welt bestaunen die Guadalupe Mountains, die ebenso wie die Carlsbad Caverns und die weiter südlich gelegenen Apache und Glass Mountains einstmals auf dem Meeresgrund lagen. Alle sind Teil eines uralten fossilen Riffs, das unter dem Namen El Capitán bekannt ist. (Nähere Informationen über die Entstehung des 640 km langen Kalksteinriffs finden Sie im Beitrag über die Carlsbad Caverns.) Diese außergewöhnliche Formation bildete sich höher aus als alles andere in der texanischen Landschaft, selbst als der Guadalupe Peak. Von dem 2.667 m hohen Riff aus schaut man heute ringsum auf Wüste, während der Boden vor 15.000 Jahren noch unter dichten Nadelwäldern verschwand. Heute ist von diesem aus Gold- und Weymouthkiefern, Douglasfichten und Espen bestehenden Wald nur noch auf den Berggipfeln und in einigen höher gelegenen Canyons etwas übrig.

Die Wildnis des Hochlands beherbergt zahlreiche Großsäuger, unter anderem Puma, Schwarzbär und Wapiti. Letztere waren zu Beginn des 20. Jahrhunderts praktisch ausgerottet, so daß die heute etwa 60 Tiere umfassende Herde von Tieren abstammt, die in den 1920er Jahren aus Wyoming und South Dakota importiert werden mußten. Zur Vogelwelt des Hochlands gehören wilde Truthähne, Geier, Steinadler und der selten gewordene Wanderfalke. Eidechsen und Schlangen gibt es reichlich in der Wüste, wo auch Coyoten und Großohrhirsche ihre Reviere haben. Die meisten Wildtiere findet man allerdings in den schattigen Canyons und in der Nähe der Wüstenquellen.

Der manchmal als schönster Punkt von Texas bezeichnete McKittrick Canyon beherbergt den einzigen ganzjährig wasserführenden Bach des Parks. An seinen Ufern wachsen Eichen, Eschen und Zuckerahorn sowie der ebenso seltene wie dekorative texanische Erdbeerbaum, der leicht an seiner glatten, rötlichen Rinde und dem immergrünen Laub erkennbar ist. In dem 8 km langen Canyon leben Tiere aus dem Hochland einträchtig neben Wüstenbewohnern, Pumas trinken aus denselben Wasserstellen wie die Großohrhirsche. Weitere vierfüßige Bewohner sind Eselhasen, Coyoten, Stachelschweine, Graufüchse und Wapitis. Diese Oase ist nur für Tagestouren geöffnet und bietet schattige Plätze für Picknicks sowie mehrere Wanderwege unterschiedlicher Länge, darunter eine Tour zu geologisch interessanten Stellen.

Über 128 km Wander- und Reitwege, von leichten Spazierwegen bis zu anspruchsvollen Klettertouren, durchziehen den Park, der zudem zwei Camping- und zehn einfache Zeltplätze umfaßt. Im Dog Canyon führen malerische Pfade zum entlegenen nördlichen Hinterland des Parks. Weiter im Süden stehen dem Besucher verschiedene Möglichkeiten offen, etwa eine kurze Wanderung zu den Überresten der Pinery Station, einer 1858 von der Butterfield Overland Mail eingerichteten Poststation, ein 3,2 km langer Rundweg zu zwei Wüstenquellen und eine schwierige Klettertour zum Guadalupe Peak und zur Bowl, einem üppigen Waldgebiet in 762 m Höhe über der Wüste. El Capitán, die südlichste Felsformation der Guadalupe Mountains, steigt bis zu 2.464 m über dem Wüstenboden auf. Dieses steinerne Symbol der alten Grenze ragt weithin sichtbar aus der Landschaft empor.

– Leslie Croyder –

El Capitán, der südlichste Gipfel der Guadalupe Mountains, erreicht eine Höhe von 2.464 m über dem Wüstensand.

RECHTE SEITE: **Die geriffelten Gips- und Sanddünen der Chihuahua-Wüste am Fuß der Guadalupe Mountains**

Carlsbad Caverns

75 STOCKWERKE UNTER DER ERDOBERFLÄCHE LIEGT EIN Höhlensystem von so gigantischen Ausmaßen, daß Will Rogers es als »überdachten Grand Canyon« bezeichnete. Die von Schwefelsäure ausgeätzten kolossalen Hohlräume weisen bildschöne Sinterformationen von kleinsten bis riesigsten Dimensionen auf. Im Big Room, der mühelos 14 Fußballfelder fassen könnte, steht ein 19 m hoher Stalagmit neben zwei weiteren 13 m hohen Sinterbildungen. Berühmt ist die Höhle vor allem wegen des spektakulären abendlichen Ausschwärmens zahlloser Guano-Fledermäuse, die den Sommer in den oberen Höhlenkammern verbringen.

Der 1930 gegründete Carlsbad Caverns National Park liegt in der Südostecke von New Mexico unweit der Grenze zu Texas, oberirdisch bedeckt von 189 km² unscheinbarer, karger Landschaft. Die flacheren Erhebungen gehören zur Chihuahua-Wüste, einer Prärie mit zahlreichen Sukkulenten. Die höher gelegenen Teile weiter westlich sind ebenfalls Prärien, wenn auch dieser zu den Guadalupe Mountains gehörende Bereich eher mit Sträuchern und Bäumen bewachsen ist, insbesondere Pinien, Eichen und Wacholder. Frühling und Herbst sind ideale Zeiten, um die Wüste in Blüte zu erleben, entweder von der kaum 16 km langen Schotterstraße oder von dem 0,8 km langen Naturlehrpfad aus, der die einheimische Flora und ihre frühere Nutzung durch die Indianer erläutert.

Das Bild, das sich heutigen Parkbesuchern bietet, läßt für den Laien kaum erkennen, daß dieses Land vor 250 Millionen Jahren von Salzwasser bedeckt war. Aus den Überresten der Meerestiere des Perm-Zeitalters entstand ein über 640 km langes hufeisenförmiges Riff. Als das Meer austrocknete, ragte das El Capitán Reef mehrere Hundert Meter hoch über den früheren Meeresboden hinaus, verschwand dann jedoch selbst allmählich unter Tonnen von Sedimenten, die zu einer Hunderte von Metern dicken Schicht anwuchsen. Der ungeheure Druck preßte die Tier- und Pflanzenreste zu Kalkstein zusammen, zugleich entstanden Risse im Riff. Gasförmiger Schwefelwasserstoff als Überrest des alten Meeres drang in diese Spalten ein, löste sich dort in Wasser zu Schwefelsäure und höhlte den Kalkstein weitflächig aus. Erst als das Riff vor 20 bis 40 Millionen Jahren bei der Entstehung der Guadalupe Mountains mit emporgehoben wurde, rann die Schwefelsäure aus dem Riff heraus.

Die sagenhaften Dekorationen der Höhle entstanden, als vor einer Jahrmillion erstmals Luft in die Hohlräume gelangte. Oberflächenwasser rann durch Schichten verrottender Pflanzen und verwesender Tierkadaver und reicherte sich dabei mit Kohlendioxid an. Dieses säurehaltige Wasser tropfte im Innern des Felsens hinab und wusch winzige Kalkpartikel aus dem Gestein, die sich auf Decken, Wänden und Böden der luftgefüllten Hohlräume ablagerten. Die Folge war eine Vielzahl glitzernder Tropfsteinformationen in allen möglichen Formen und Größen von Kalzitperlen und einem ganzen Wald strohhalmdünner Stalaktiten bis zu seidig schimmernden Sintervorhängen und -wänden. Die schönsten von allen sind vielleicht die Aragonitbäume, die man früher sogar für lebendig hielt. Solche wie Brillanten funkelnden Formationen können überall entstehen und immer weitere feine und feinste Verästelungen bilden.

Heute ist in den Carlsbad Caverns nur noch selten Tropfwasser zu hören, denn die Wüstenregion erhält nicht einmal 480 mm Niederschlag im Jahr. Von den bisher erforschten 32 km langen Gängen stehen drei für Besucher offen. Zur Haupthöhle gibt es mehrere geführte Touren, darunter eine einstündige, 1,6 km lange Wanderung rings um den Big Room. Wer sich nicht scheut, auf allen Vieren durch enge Gänge zu kriechen, kann auch eine zweistündige Tour mit Taschenlampen durch die Slaughter Canyon Cave wagen, die während der Wintermonate nur am Wochenende, im Sommer aber täglich offen ist. Von Mai bis Oktober finden sich viele Besucher bei Sonnenuntergang vor dem Haupteingang der Höhle ein, um das Ausschwärmen von rund 5.000 Guano-Fledermäusen pro Minute mitzuerleben, die bei einer Spannweite von 28 cm nur rund 14 g wiegen. Die meisten davon sind Muttertiere, die bei Sonnenaufgang zurückkehren, um ihre Jungen zu füttern.

– Leslie Croyder –

Die Felszeichnungen im Painted Grotto bezeugen, daß die Gegend schon zu Urzeiten von Menschen besiedelt war.

RECHTE SEITE: **Totempfahlformationen sind im Big Room der Carlsbad Caverns häufig anzutreffen.**

Petrified Forest

INMITTEN DER PAINTED DESERT VON ARIZONA GELEGEN, erstreckt sich der Petrified Forest National Park über ein ganz besonderes Stück der Colorado-Plateaus. Es gehörte einst zu einer von zahlreichen Bächen durchflossenen, riesigen Schwemmebene. Die trockene Hügellandschaft der Badlands mit ihren tafelförmigen Mesas und Spitzkegeln enthält eines der weltgrößten Vorkommen an versteinertem Holz. Der Schutz dieser einzigartigen Fossilien ist für den Park eine ständige Herausforderung. 900.000 Besucher kommen jedes Jahr, und obwohl die Parkverwaltung auf immer neue Strategien baut und auch vor der Verhängung erheblicher Geldstrafen nicht zurückschreckt, werden jährlich rund 12 t fossiles Holz entwendet.

Die Versuchung ist beileibe nicht neu. Schon kurz nachdem militärische Landvermesser die Gegend 1851 erkundet hatten und mit Satteltaschen voller Versteinerungen weitergezogen waren, wurden fossile Stämme waggonweise abtransportiert und zu Tischplatten, Kaminsimsen und anderem Zierrat verarbeitet. Manche Sammler scheuten sich nicht, die Stämme mit Dynamit zu sprengen, um an Amethyst- und Quarzkristalle zu gelangen. Um weiterer Zerstörung vorzubeugen, erklärte man das Gebiet 1906 zum zweiten National Monument der USA. Fast 60 Jahre später wurde das Areal zum Nationalpark. Heute ist fast die Hälfte des 378 km² großen Parks naturbelassen.

Praktisch alles versteinerte Holz des Parks stammt von riesigen Koniferen namens Araucarioxylon, Vorfahren der Norfolktanne, die vor über 200 Millionen Jahren in weit entfernten Berggebieten wuchsen. Die von Überschwemmungen oder Schlammlawinen entwurzelten Bäume wurden fortgespült und stauten sich an Engpässen, wo sie nach und nach unter Sand und Asche begraben wurden. Diese massive Sedimentdecke ließ nur wenig Sauerstoff durch, so daß das Holz langsamer als sonst verrottete. Später drang kieselsäurehaltiges Wasser in das Holz ein und verwandelte die organische Substanz ganz allmählich Stück für Stück in farbenprächtigen Stein. Die wie überdimensionale Edelsteine funkelnden riesigen fossilen Stämme liegen im ganzen Park verstreut, viele groß wie Klafterholz. Die größte Ansammlung findet sich im Südteil des Parks, wo den Besucher nach kurzem Fußmarsch von Rastplätzen aus sensationelle Eindrücke erwarten. Bis zu 36 m lange, kreuz und quer über- und untereinanderliegende Kolosse, die schimmernden Querschnitte der Stämme und natürlich »Old Faithful«, mit seinem Stammdurchmesser von fast 3 m der größte versteinerte Baum des Parks.

Wie seit Jahrmillionen ist die Erosion auch heute noch dabei, den Park abzutragen, und legt dabei an einigen Stellen bis zu 91 m mächtige Schichten mit Fossilieneinschlüssen frei. Bisher haben Wissenschaftler bereits über 150 verschiedene Pflanzen- und Tierarten aus der späten Trias vor rund 225 Millionen Jahren identifiziert. Das Parkmuseum zeigt anschaulich, wie die Welt damals aussah, als der von Wasserläufen durchströmte Park mit Farnen und Farnpalmen bewachsen war und der zahnlose Zweitonner Placerias, ein harmloserer Dinosaurier, das Gebiet durchstreifte. Erst viel später sackte die Region ab und wurde unter Süßwassersedimenten begraben und noch später wieder angehoben. Heute gibt es im Park keine ständig wasserführenden Bäche, und die hochgelegene Steppe erhält weniger als 230 mm Niederschläge pro Jahr.

Im Parkgebiet gibt es viele Stellen mit prähistorischen Indianersiedlungen, etwa die als Puerco Ruins bezeichneten Reste eines von Vorfahren der Puebloindianer errichteten Dorfs. Mehrere Dutzend Menschen lebten in den 76 Kammern rings um einen Platz und betrieben immerhin so erfolgreich kollektiven Ackerbau, daß sie die lange Dürre überstanden, bei der viele Dorfgemeinden im Südwesten zugrunde gingen. Dennoch wurde die Siedlung zu Beginn des 15. Jahrhundert aufgegeben. Im ganzen Parkgebiet sind Felszeichnungen zu finden, durch Einritzen der dunklen Mineralienschicht auf den Felsblöcken entstanden. Die Bedeutung dieser uralten Darstellungen, unter anderem von Tieren, Fruchtbarkeitsriten, Fährten und geometrischen Formen, ist nach wie vor rätselhaft. Einige der Ritzzeichnungen, darunter eine fein gearbeitete Reihe in der Cave of Life, werden zu ganz bestimmten Momenten des Jahreslaufs von der Sonne beschienen, so daß man sie heute überwiegend als alten Steinkalender betrachtet.

Von den verwitterten, blau und purpur gebänderten Steilabbrüchen bis zu den weiten, von lebhaften Rot- und weichen Rosatönen beherrschten Panoramen sind die Aussichten von der Scenic Road des Parks überragend schön. Soweit es das Wetter zuläßt, ist die 45 km lange Straße ganzjährig befahrbar. Sie verbindet die versteinerten Wälder im Süden des Parks mit der Wildnis der Painted Desert im Norden, die von Besuchern zum Zelten und Wandern aufgesucht wird.

– Leslie Croyder –

OBEN: Gabelhirsche äsen bei den Kegeln von Painted Desert.

RECHTS: Die riesigen Ausmaße der versteinerten Baumstämme sind auf diesem Panoramabild gut zu erkennen.

RECHTE SEITE: Fossile Stämme einer ausgestorbenen Nadelbaumart, die vor 200 Millionen Jahren hier heimisch war.

Saguaro

DER SAGUARO NATIONAL PARK WURDE 1994 ALS JÜNGster Nationalpark der südwestlichen US-Staaten eingerichtet, indem man das Gebiet eines zweiteiligen National Monument vergrößerte, das Teile zweier Wüstenbergketten zu beiden Seiten der Stadt Tucson umfaßte.

Obwohl die Kandelaberkakteen, nach deren amerikanischem Namen der Park benannt ist, eigentlich nur in der feuchtesten der vier nordamerikanischen Wüsten heimisch sind, nämlich in der Sonora-Wüste in Arizona und Nordmexiko, sind diese riesigen Kakteen, die bis zu 15 m hoch werden und manchmal ein Dutzend »Arme« hochrecken, zum Wahrzeichen des gesamten Südwestens geworden. Wie Frederick Turner in seinen 1990 veröffentlichten Betrachtungen über den amerikanischen Südwesten »Of Chiles, Cacti, and Fighting Cocks« schrieb, repräsentieren sie »den archetypischen Kaktus, der das ganze Land da draußen im Westen versinnbildlicht.«

Säulenkakteen sind biologische Wunderwerke. Im Laufe ihrer Evolution haben sie sich an die extreme Hitze und Dürre der Wüste hervorragend angepaßt. Wie die meisten Kakteen können sie in ihrem Gewebe Wasser speichern und deshalb in Gegenden überleben, in denen es so gut wie niemals regnet. Mit ihrem feinen Wurzelnetz, das sich fächerförmig rings um die Säule zieht, kann der Kaktus bei einem Wolkenbruch bis zu 757 Liter Wasser aufnehmen. Derart »vollgetankt« wiegt ein Kandelaberkaktus bis zu 8 t und wird dann kontinuierlich leichter und dünner, während er seine Vorräte verbraucht. Ein starkes, aber dennoch geschmeidiges Rippengerüst stützt die schwere Säule von innen und sorgt gemeinsam mit der ziehharmonikaartigen Außenhaut dafür, daß sich der ganze Kaktus je nach Wassermenge ausdehnen und zusammenziehen kann.

Als die größten »Bäume« ihrer Wüste sind Kandelaberkakteen allerdings mehr als nur Sinnbild des ariden Ökosystems, denn sie dienen buchstäblich Hunderten von Wüstenlebewesen als Nahrung und Wohnstatt. Öffnungen in ihrer Außenhaut bilden kühle, schattige Nistplätze für Dutzende Vogelarten, von der Purpurschwalbe bis zum Gila-Specht, während Habichte ihre Nester in den Gabelungen der Kakteenarme bauen. Langnasenfledermäuse, Weißflügel-Turteltauben, Bienen, Nachtfalter und andere Tiere laben sich nachts am Nektar und Pollen der Kakteenblüten. Die süßen Kaktusfeigen schmecken Pekaris, Coyoten, Füchsen, Nagetieren, Ernteameisen, Wespen, Vögeln und natürlich auch Menschen. Umgestürzte Kandelaberkakteen bieten Wüstenlebewesen wie Weißfußmäusen oder Diamantklapperschlangen eine Zuflucht, während ihr verrottendes Gewebe zahllose Kleinlebewesen ernährt.

Obwohl der Saguaro zum Schutz der Riesenkakteen-»Wälder« eingerichtet wurde, hat er weit mehr zu bieten. Aufgrund der zwei Regenzeiten pro Jahr, eine im Sommer und eine im Winter, ist die Sonora-Wüste die fruchtbarste aller nordamerikanischen Wüsten und beherbergt mehr Arten an Kakteen, Sträuchern und Wildblumen als jede andere. Aufgrund der eigentümlich üppigen Vegetation leben hier überdies mehr Tierarten, von Bienenameisen über Landschildkröten und Erdkuckucke bis zu Pekaris.

Der westlich von Tucson gelegene Teil in den Tucson Mountains umfaßt den dichtesten bekannten Kandelaberkaktushain. Man sieht die Kakteen schon von der Hauptstraße oder vom 14,5 km langen Bajada Loop Drive aus, der vom Besucherzentrum abgeht. Mehrere Fußwege geben Gelegenheit, sich die merkwürdigen Kakteen und ihr rauhes Umfeld aus der Nähe anzusehen, darunter der rollstuhlgeeignete Desert Discovery Nature Trail und der anstrengende King Canyon Trail, der über ein Trockenbett in die felsigen Tucson Mountains aufsteigt und zu einem Panorama-Aussichtspunkt auf 1.402 m Höhe mit Blick über das Tucson Basin und die umliegenden Berge führt.

Der weniger besuchte, größere Ostteil des Saguaro-Parks liegt eine Autostunde von Tucson entfernt in den Rincon Mountains. Auch hier gibt es dichte Haine von Kandelaberkakteen. Die knapp 13 km lange Panoramastraße Cactus Forest Drive geht vom Besucherzentrum ab und schlängelt sich durch den altehrwürdigen Kaktuswald. Die eigentliche Besonderheit des Ostteils ist allerdings nur zu Fuß oder Pferd erreichbar. Ein 205 km langes Wegenetz führt von der heißen Wüste hinauf in kühle Bergwälder, als gelangte man vom südlichen Arizona unvermittelt nach Südkanada. Von einer Quelle zwischen hoch aufragenden Goldkiefern und Douglasfichten oben in den Rincon Mountains aus gesehen wirken die Kandelaberkakteen im gleißenden Sonnenlicht wie eine Fata Morgana.

– Susan J. Tweit –

RECHTS: Spiralförmige Felszeichnung in der Sonora-Wüste

UNTEN: Die riesigen Kandelaberkakteen wachsen langsam, werden jedoch in der feuchtesten aller südwestamerikanischen Wüsten gut und gern 15 m hoch.

RECHTE SEITE: Ein abendlicher Sturm erhellt die stämmigen Säulen blühender Kandelaberkakteen und die wie zerknittert wirkenden Kerzensträucher.

Grand Canyon

BEI EINEM AUSFLUG IN DIE GUT ANDERTHALB KILOMETER tiefe Schlucht bezeichnete Präsident Theodore Roosevelt 1903 den Grand Canyon als »eindrucksvollste Landschaft, die ich je zu Gesicht bekommen habe.« 1908 erklärte er den größten Teil des Canyons zum National Monument, das 1919 Nationalpark wurde. In den 60er Jahren plante die Bundesregierung die Überflutung von mehr als der Hälfte der Schlucht durch zwei Staudämme, doch gegen das Vorhaben regte sich heftiger Widerstand. Statt dessen wurde der Park 1975 auf 4.856 km² vergrößert, so daß nun die gesamte Länge des Inner Canyon geschützt ist.

Mit einer Breite von 6,5 bis 21 km, einer Tiefe von 1.830 m und einer Länge von 443 km trägt die gewaltigste Schlucht der USA zu Recht den Namen Grand Canyon. An ihren Gesteinsschichten läßt sich die Evolution des amerikanischen Kontinents über die letzten 2 Milliarden Jahre ablesen: das Aufeinanderprallen der Kontinentalplatten, Vordringen und Rückzug riesiger Meere, Auftürmen und Verwitterung ganzer Bergketten, die Entstehung enormer Sanddünen oder der Ausbruch von Vulkanen. Obwohl die Gesteine alt sind, ist der Canyon selbst relativ jung. Er wurde in den letzten 5,5 Millionen Jahren vom Colorado River gegraben. Der Fluß fließt heute vermutlich genau durch eine Wölbung im Coloradoplateau, um die er früher herumführte, um danach in ein Becken in Nordost-Arizona abzufließen. Vor rund 5 Millionen Jahren öffnete sich durch die San-Andreas-Verwerfung der Golf von Kalifornien, und es entstand ein neuer, Hunderte von Metern tiefer gelegener Abfluß, der sich geradewegs in die Felswölbung hineinfraß. Der Bach vereinigte sich schließlich mit dem Colorado River und nutzte die ungeheure Kraft des Flusses, um den Grand Canyon zu graben. Die im Sommer auftretenden Flutwellen und die Schneeschmelze im Frühling erweitern den Canyon auch heute noch.

Von Pinien-Wacholderwäldern am Südrand über die Mojave-Wüste auf dem Grund des Canyons bis zu den Nadelwäldern im Norden weist der Grand Canyon vielfältige Ökosysteme auf. Vom 732 m hoch gelegenen »Inner Gorge«, in der im Sommer glühendheiße 46 °C gemessen werden, zum über 2.430 m hohen Nordrand, wo die Sommer kühl und die Straßen von Oktober bis Mai wegen Schnees gesperrt sind, hat man das Gefühl, abrupt von den Tropen in die Arktis zu wechseln. In der Canyonspalte selbst sind neue Tierarten entstanden, die sich dort isoliert weiterentwickelten, so etwa zwei von gemeinsamen Vorfahren abstammende Arten von Pinselohrhörnchen, das grauweiße Aberthörnchen am Südrand und das schwarzweiße Kaibabhörnchen am Nordrand.

Völker der »Desert Culture« besiedeln den Canyon seit mindestens 4000 Jahren und schufen Tierfiguren aus Zweigen, die man in Höhlen unterhalb des Randes fand. Die Havasupai und Hualapi leben noch heute an der Südseite des Canyons. Seit der Fertigstellung des Bright Angel Trail um 1890 kommen die Touristen. Heute lockt der Park rund 5 Millionen Besucher pro Jahr an, vor allem am leicht zugänglichen South Rim. Die notorischen Staus haben sich zu einem so großen Problem entwickelt, daß jetzt der Verkehr am Südrand komplett durch öffentliche Systeme ersetzt werden soll.

»Auf den ersten Blick ist das Bild so eigenartig, daß es irreal wirkt«, schrieb Joseph Wood Krutch 1957 über den Grand Canyon. Natürlich kann man den Canyon besichtigen, indem man nur zum Aussichtspunkt am Südrand fährt, doch erst zu Fuß oder mit dem Boot tritt die ehrfurchtgebietende Landschaft in ihrer ganzen Schönheit zutage. Der Rim Trail bietet die Gelegenheit, die Schlucht frühmorgens oder bei Sonnenuntergang ohne Massenandrang zu erleben. Die steil zum 1,6 km tiefer gelegenen Colorado River führenden Fußwege sind beschwerlich, bieten aber herrliche Ausblicke. Der wenig besuchte, über 300 m höher gelegene Nordrand des Canyons ist über 352 km gepflasterte Straßen zu erreichen. Hier zeigen sich dichte Wälder und von Wildblumen übersäte Wiesen. Bei drei- bis siebentägigen Floßfahrten kann der Besucher auf dem Fluß zum »großen Unbekannten« aufbrechen, wie der Forscher John Wesley Powell es nannte, das Herz des Canyon, in dem es nichts als wirbelndes Wasser und kathedralenartig aufragende Felswände gibt.

– Susan J. Tweit –

OBEN: Ein Pinienschößling wurzelt in einer Spalte im Sandstein oberhalb des Colorado River bei Toroweap.

FALTBLATT: Goldenes Licht durchflutet die Schlucht des Grand Canyon, hier vom Mather Point am Südrand des Canyon aus gesehen.

Blick vom Point Imperial am Nordrand des Canyon auf Mount Hayden

Schneeverwehungen lassen den Blick vom Maricopa Point ganz ungewohnt wirken.

Havasu Falls im Reservat der Havasupai-Indianer

Touristen am Desert View Overlook

Zion

VON DEN GLATTEN SANDSTEINWÄNDEN DES ZION Canyon, über denen sich rotbraune und weiße Felskegel türmen, war der Mormone Isaac Behunin so überwältigt, daß er erklärte: »Diese großartigen Berge sind natürliche Tempel Gottes.« Utahs ältester Nationalpark wurde 1909 von Präsident Taft zum National Monument erklärt, 1919 auf 593 km² erweitert und als Nationalpark eingerichtet.

Die Felswände des Zion Canyon steigen 610 m von der Grundfläche des Plateaus empor und gehören zu den höchsten Steilwänden der USA. Man mag sich kaum vorstellen, daß der seichte, klare Virgin River die Kraft besaß, diesen Canyon zu graben. Angesichts des enormen Gefälles, das vom 2.743 m hohen Markagunt Plateau hinunter auf den nur 1.219 m hohen Canyongrund stellenweise 15 m pro Kilometer beträgt, also zehnmal so viel wie beim Colorado River im Grand Canyon, und in Anbetracht der immer wieder auftretenden Flutwellen (bei einem Sturm 1954 schwoll der Fluß innerhalb einer Viertelstunde auf das 50fache Volumen an), kann man allerdings die ehrfurchtgebietende Kraft dieses Flusses ermessen.

Die interessantesten Elemente dieser ariden Landschaft bilden sich allerdings durch weniger aufsehenerregendes Wasser. Gemeint sind »weinende Wände« und »hängende Gärten«, die entstehen, wenn Wasser durch kleine Öffnungen und Risse in die über 610 m mächtigen Schichten aus Navajo-Sandstein dringt und darunter auf wasserundurchlässigen Schiefer oder Siltstein trifft. Es fließt dann über die Schieferplatte hinweg, tritt schließlich an der Steilwand aus und läßt dort üppige Ansammlungen wasserliebender Orchideen, Akeleien und Farne gedeihen.

Der bekannteste Teil des Zion National Park ist der jährlich von 2,5 Millionen Menschen besuchte Zion Canyon. Viele kommen über den Mount Carmel Highway, der vom Markagunt Plateau zum Zion Canyon über sechs Kehren und zwei Tunnel herabführt. Nahe des Südeingangs zweigt der Zion Canyon Scenic Drive vom Mount Carmel Highway ab. Dort befinden sich viele der berühmtesten Formationen des Parks, darunter Great White Throne, Angel's Landing und Weeping Rock. Die Straße endet am Temple of Sinawava, von wo aus man zu Fuß weiter zu den sogenannten Narrows aufsteigen kann, dem oberen Canyon des Virgin River. Wegen der dauernden Staus und des Platzmangels sind große Fahrzeuge nur in bestimmten Teilen des Zion Canyon und auf dem Mount Carmel Highway zugelassen. Ab diesem Jahr soll der Zion Canyon von März bis Oktober nur noch mit Zubringerbussen befahrbar sein.

Am besten erlebt man den Canyon ohnehin zu Fuß. Ein bequemer Weg von 1,6 km Länge führt zum Weeping Rock, einer üppigen Pflanzenwelt, die entstand, weil die aus Navajo-Sandstein bestehende Felswand Grundwassertränen »weint«. Der Angel's Landing Trail am Westrand des Canyons bietet wagemutigen Kletterern grandiose Ausblicke. Der Weg überwindet auf 3 km Länge einen Höhenunterschied von rund 460 m und schraubt sich dabei über haarsträubende Strecken an der Felswand entlang, darunter durch »Walter's Wiggles«, 21 nach dem ersten Parkdirektor benannte Haarnadelkehren. Der berühmteste Parkweg dürfte der 19,2 km lange Pfad zu den Narrows sein, der teils am Nordarm des Virgin River entlang, teils durch das Flußbett in den Canyon führt, in dem die 610 m hohen Felswände teilweise nur 9 m weit auseinanderklaffen. Wegen der Gefahr von Flutwellen ist für diese Wanderung eine Genehmigung erforderlich, doch kann man auch den 1,6 km langen gepflasterten Riverside Trail bis zum Beginn der Schlucht entlangwandern und mit eigenen Augen sehen, warum die Paiute-Indianer diesen Canyon als loogoon (Pfeilköcher) bezeichneten.

Zions wildestes und kaum besuchtes Gebiet sind die Kolob Canyons, die vom Interstate Highway 15 über eine kurze befestigte Straße zu erreichen sind. Wanderwege führen dort in schmale Canyons mit interessanten Felsformationen, darunter Kolob Arch, den weltweit größten Felsbogen mit einer Spannweite von 94,5 m. Die beste Zeit für einen Besuch in diesem stillen Teil des Parks ist der Herbst, wenn Pappeln, Zucker- und Eschenahorn sich entlang der kleinen Bäche goldgelb und scharlachrot vor den rostbraunen Felswänden abzeichnen.

– Susan J. Tweit –

RECHTS: **Landschaft am Virgin River**

LINKS: **Die Zinnen der Virgin Mountains im Schnee**

UNTEN: **Um den Sonnenaufgang am Observation Point einzufangen, wanderte Fotografin Liz Hyman über zwei Stunden durch die frühmorgendliche Dunkelheit auf eine Höhe von 1.984 m und bewältigte von der Talsohle aus einen Höhenunterschied von 640 m.**

RECHTE SEITE: **Mit welcher Gewalt der Virgin River den Zion Canyon aushöhlte, wird angesichts dieser atemberaubenden Schlucht deutlich.**

Bryce Canyon

DER BRYCE CANYON IST NACH DEN MORMONISCHEN Siedlern Ebenezer und Mary Bryce benannt, die hier von 1875 bis 1880 eine Farm betrieben. Später soll Ebenezer über die pastellfarbenen Galerien ziselierter Felsen, die heute jährlich 1,5 Millionen Besucher anlocken, gesagt haben: »Es ist schlimm, wenn sich da eine Kuh verirrt.« Befürworter wie J.W. Humphrey, der damalige Aufseher des benachbarten Sevier National Forest, bot zeitweilig zehn Dollar, falls jemand vom Anblick nicht beeindruckt wäre und setzte sich 1923 für die Gründung des Bryce Canyon National Monument ein. Fünf Jahre später wurde die nochmals erweiterte Fläche zum Nationalpark erklärt.

Mit 145 km² Ausdehnung, einer Länge von 28,8 km und einer Breite von nur 8 km ist der Bryce Canyon Utahs kleinster Nationalpark. Geologisch handelt es sich nicht um einen Canyon im strengen Sinne, sondern um natürliche Amphitheater, die in die Kante des 2.743 m hohen Paunsaugunt Plateaus eingegraben sind. Dieses Plateau gehört gemeinsam mit dem Zion National Park zu einer Kette von Hochebenen, die sich über die vom Wind glattgeschliffene Wüste im Südwesten von Utah erhebt. Im Gegensatz zum harten Sandstein der massiven Steilwände und Kegel des Zion National Park bestehen die oberen Schichten des Paunsaugunt Plateau aus feinem, rasch verwitterndem Schlammton und Siltstein. Bäche lagerten diese Sedimente vor 63 bis 40 Millionen Jahren in mehreren Seen in einer 300 m dicken Schicht ab. Durch ihren Eisengehalt weisen einige Gesteinsschichten ein sanftes Rostrot auf, andere leuchten aufgrund des Mangangehaltes blaugrau oder lavendelfarben. Vor rund 10 Millionen Jahren dehnte sich das ganze Gebiet, so daß die Felsschichten an den Verwerfungslinien auseinanderbrachen. Einige Abschnitte, darunter auch das Paunsaugunt Plateau, drifteten mehrere hundert Meter aufwärts, während Gebiete wie das Paria Valley östlich des Bryce Canyon wegsackten. Wasserläufe trugen Teile des erhöhten Plateaurandes ab und schnitten die weichen, gebänderten Sedimentgesteine in Millionen von Graten, Fialen, Minaretten und phantastischen Felsformationen wie Thor's Hammer, The Poodle oder Queen Victoria.

Der Bryce Canyon erstreckt sich von der 1.830 m hohen Nordseite des Plateaus zum über 2.740 m hohen Südende und bietet eine kühle, feuchte Zuflucht vor der heißen, dürren Wüste darunter. Pinien- und Wacholderwälder sowie Goldkiefernhaine bedecken den tiefer gelegenen Teil des Parks, während in den Höhenlagen Espen, Fichten und Tannen gedeihen. In den Hochwiesen sind Präriehunde heimisch. Die großen Nagetiere, die auf der Liste der bedrohten Arten stehen, waren in diesem Gebiet bereits ausgerottet und wurden Ende der 1970er Jahre erneut im Bryce Canyon angesiedelt, denn die unterirdischen Gänge, welche die Tiere anlegen, sind in ökologischer Hinsicht wichtig, weil sie die Prärie umgraben und düngen. Erst vor kurzem fanden Wissenschaftler heraus, daß die Pfiffe und Bellaute, mit denen sich Präriehunde verständigen, ein so komplexes Vokabular enthalten, daß sie bestimmte Eindringlinge genau beschreiben können: »Hinter dir nähert sich ein großer Mensch!«

Am Rainbow Point endet die 29 km lange Parkstraße. Die Strecke führt vor allem entlang der Plateaukante, von der man einen sagenhaften Ausblick genießt. So kann man etwa vom Fairyland Point aus eine ganze Gruppe phantastischer Felsformationen, sogenannte Hoodoos, bestaunen, während man vom Sunrise Point aus sehr gut beobachten kann, wie die aufgehende Sonne die eigentümliche Landschaft in weiche Farben taucht. Auch der Inspiration Point trägt seinen Namen zu Recht. 80 km Wanderwege, teils am Abgrund entlang, teils direkt zu den Hoodoos hinabführend, bringen den Besucher in hautnahen Kontakt mit dieser verzauberten Felslandschaft. Unterhalb des Randes führen kurz hintereinander mehrere Wege steil abwärts. Aufgrund des ohnehin steilen Terrains ist der anschließende Aufstieg nur etwas für durchtrainierte und erfahrene Kletterer.

Bis sie in den 1870er Jahren vertrieben wurden, verbrachten die Paiute-Indianer die Sommer im Bryce Canyon. Sie glaubten, die seltsamen Felsen seien einst Vögel, Säuger und Eidechsen gewesen, die sich in Menschen verwandeln konnten. Paiute-Legenden zufolge begannen diese Canyonbewohner zu spielen und zu streiten und verärgerten damit den Gott Shin-Owav, so daß er sie auf ewig versteinerte.

– Susan J. Tweit –

UNTEN: **Auf dieser Aufnahme in Richtung Paunsaugunt Plateau tritt die Schüsselform des Bryce Canyon deutlich zutage.**

RECHTS: **Queen's Court gehört zu den Phantasienamen, zu denen die bizarren Formen der rosa Gesteinsformationen anregten.**

RECHTE SEITE LINKS: **Die aufgehende Sonne betont die markanten, mit Schnee überzuckerten Formationen am Sunrise Point.**

RECHTE SEITE RECHTS: **Thor's Hammer ist ein Wahrzeichen am Navajo Loop Trail unterhalb von Sunset Point.**

Canyonlands

DER EINARMIGE BÜRGERKRIEGSVETERAN MAJOR JOHN Wesley Powell, im Zivilberuf Geologe, sorgte 1869 dafür, daß der heutige Canyonlands National Park kartografisch erfaßt wurde, denn dank der erfolgreichen Expedition, bei der er mit seinem Team dem Verlauf des Green River und des Colorado folgte, konnte der letzte weiße Fleck auf der amerikanischen Landkarte ausgefüllt werden. Nahe dem Zusammenfluß der beiden Wasserläufe, dem Mittelpunkt des heutigen Canyonlands National Park, schrieb Powell: »Wo wir auch hinsehen, gibt es hier nur Felswildnis. Tiefe Schluchten, in denen sich die Flüsse zwischen Steilwänden, Türmen und Zinnen verlieren, ringsumher Tausende seltsam geschnitzter Formationen ... « 1964, fast ein Jahrhundert später, wurde das Gebiet als Canyonlands National Park unter Naturschutz gestellt.

Der mit 1.365 km² größte Nationalpark Utahs umfaßt genau den Teil des Coloradoplateaus, den viele für dessen Herzstück halten. Es handelt sich um eine weitläufige Tonsteinlandschaft, deren massive Gesteinsschichten vom Wasser geformt und von unablässigen Winden geschliffen wurden. Die beiden größten Flüsse des Gebiets, der Colorado und der Green River, schneiden ein riesiges »Y« tief in den Fels und teilen das Gebiet somit in drei Segmente.

Zwischen den beiden kurzen Armen des »Y« liegt der am leichtesten erreichbare und deshalb meistbesuchte Teil des Parks: Island in the Sky, die »himmlische Insel« ist ein 1600 m hohes dreieckiges Stück Mesa, das man über eine Pflasterstraße erreicht. Sie endet in 670 m Höhe über dem Zusammenfluß am Grand View Point, von dem aus man Hunderte von Kilometern weit schauen kann. Von dieser Stelle aus bekommt man eine Vorstellung davon, wie gewaltig diese zerklüftete Landschaft ist. Weit unten sieht man die beiden Flüsse, die sich zwischen Felswänden hindurchwinden. Auf halber Strecke zwischen den Flußcañons und dem Rand der Mesa liegt das helle Band der nur für Fahrzeuge mit Allradantrieb geeigneten White Rim Road, die quer über die untere Mesa führt.

The Needles, die »Nadeln«, sind benannt nach einem ganzen Wald gebänderter Sandsteinsäulen östlich des Cataract Canyon, dem Hauptast des »Y«. Zwar führt eine Pflasterstraße in diesen Bereich des Parks, doch ist sein schönster Teil, ein wahres Zauberland seltsam geformter Felsen, Grate, Nadeln, Bögen und enger Schluchten, nur zu Fuß, mit dem Mountainbike, zu Pferd oder mit Allradantrieb erreichbar. Entlang der wenigen, ständig wasserführenden Bäche finden sich Spuren früherer Bewohner, etwa die Reste eines Cowboycamps in Cave Spring sowie die Türme, Wohnräume und Kornkammern der Anasazi, der Vorfahren der Pueblo-Indianer, die vor 1300 n. Chr. in dieser Gegend siedelten. Die Felszeichnungen der Fremont-Kultur sind sogar noch älter.

Der dritte und urwüchsigste Teil, The Maze, liegt im Süden des Green River, westlich des Cataract Canyon. Man erreicht ihn über eine 74 km lange Schotterstraße. Wanderwege führen steile Hänge hinunter in zerklüftete Canyons, in denen einst Butch Cassidy und seine Gang Zuflucht fanden. In den gewundenen Durchgängen sind einige der schönsten Felszeichnungen der Canyonlands zu sehen, darunter die Harvest Panel und andere riesige Götterabbildungen, die von Menschen der sogenannten Fremont-Kultur vor mindestens 2000 Jahren geschaffen wurden.

Die beiden Flüsse selbst bilden eine eigene Welt, ein grünes, schattiges Band inmitten von gleißendem Sonnenschein und nacktem Fels. Auf stillen Floßtouren über den Green River bis hin zu aufregenden Wildwasserfahrten über die Stromschnellen von Cataract Canyon, die Fred Dellenbaugh, ein Mitglied von Powells Expeditionsteam, schon 1871 als »Ritt auf dem Drachen« schilderte, erleben Tausende von Besuchern die Canyonlands in Kanus, Kajaks oder Booten.

Auch wenn sie einst vom Wasser gestaltet wurden, sind die Canyonlands eine trockene Wüste mit Niederschlägen von lediglich 180 bis 230 mm pro Jahr, die im wesentlichen in Form heftiger Sommergewitter niedergehen. Der Dürre zum Trotz gibt es hier eine Menge Lebewesen, von der größten Herde Dickhornschafe in den westlichen US-Staaten bis zu winzigen Süßwasserkrebsen, die sich wie durch Zauberhand vermehren, sobald sich natürliche Strudellöcher im Fels mit Regen- oder Schmelzwasser füllen. Das wichtigste Biotop der Canyonlands liegt jedoch direkt an der Erdoberfläche, wo eine Vielzahl mikroskopisch kleiner Lebewesen die trockenen, nährstoffarmen Böden schützen und ernähren. Diese »kryptobiotische Kruste« bildet einen lebenden Schwamm, der sich der Erosion widersetzt, kostbare Feuchtigkeit speichert und den Boden düngt. Da das Geflecht, das diese lebende Schicht zusammenhält, sehr empfindlich ist und es Jahrzehnte dauert, bis es sich nach Beschädigungen regeneriert hat, sind die Besucher angehalten, vorsichtig aufzutreten und Wege und Straßen nicht zu verlassen.

Die Canyonlands sind vor allem im Frühling und Herbst ein Anziehungspunkt, denn der Winter ist schneereich und läßt die Temperaturen bis auf –36 °C fallen. Die Sommertemperaturen erreichen in den niedrigeren Lagen bis zu 46 °C. Ein attraktives Ziel bildet die Felswildnis der Canyonlands aber zu jeder Jahreszeit.

– Susan J. Tweit –

OBEN: Mesa Arch

RECHTS: Sandsteinplatten oberhalb des Green River bei Fort Bottom

GANZ RECHTS: Blick von Island in the Sky auf den White Rim und das Soda Springs Basin

LINKE SEITE: Eine Mauer mit uralten Felszeichnungen und eine Gruppe gebänderter Sandsteinpfeiler am Salt Creek – beides typische Elemente des Needles-Disktrikts in den Canyonlands.

Capitol Reef

MORMONISCHE SIEDLER GABEN DEM CAPITOL REEF seinen Namen wegen der riesigen Sandsteinkuppeln, die sie an das Kapitol in Washington erinnerten. Der rote Felsgrat, auf dem die Kegel sitzen, stellte für sie ein Riff dar. Es bildet das Rückgrat der Waterpocket Fold, einer 160 km langen Falte im Gestein des Coloradoplateaus. Der heute 979 km^2 umfassende Nationalpark wurde 1937 als kleines National Monument eingerichtet und erst 1971 auf die sechsfache Größe erweitert und zum Nationalpark deklariert. Wie beim Grand Canyon National Park wurde hier im Südwesten eine vollständige geologische Struktur geschützt: die lange, enge Waterpocket Fold.

Das wie eine riesige gefrorene Welle wirkende Felsmassiv ist eine der bekanntesten Landschaftsformen Utahs. Sie entstand vor 65 Millionen Jahren, als sich mit dem Anstieg des Coloradoplateaus ein Teil des Felsens anhob, der angrenzende Teil jedoch absank, so daß Waterpocket Fold wie eine riesige steinerne Treppenstufe aussieht. Anstatt an der Falte auseinanderzubrechen, sanken die massiven Gesteinsschichten an der Versetzungsstelle einfach in sich zusammen. Anschließend wurde die Falte durch die Erosion in Jahrtausenden so stark abgetragen, daß eine parallele Folge von Graten aus verwitterungsfestem Gestein entstand, zwischen denen sich nun Täler bildeten, wo das weichere Gestein verschwand.

Die Waterpocket Fold ist nach den typischen Mulden benannt, in denen sich das Regenwasser sammelt. Durch Frosteinwirkung werden diese Löcher allmählich größer und tiefer und entwickeln sich so zu einem Lebensraum für hochspezialisierte Wassertiere. In den wenigen Wochen, während derer die Mulden voller Wasser stehen, vermehren die Tiere sich und überstehen selbst lange Monate äußerster Trockenheit. Sobald das Wasser verdunstet ist, graben sich ausgewachsene Krötenfrösche, die zuvor in einer solchen Mulde aus dem Ei geschlüpft und aufgewachsen sind, in den Schlamm auf dem Boden der Mulde ein und sekretieren einen feuchtigkeitsspeichernden Schleim, der ihren Körper überzieht. Mückenlarven trocknen aus und verlieren dabei bis zu 92 Prozent ihrer Körperflüssigkeit, können aber trotzdem weiterleben, sobald das Wasser zurückkehrt. Die Eier von Süßwasserkrebsen sitzen in Spalten im Boden ausgetrockneter Mulden und können dort Jahrzehnte überdauern.

Die Waterpocket Fold durchzieht Zentral-Utah wie eine Mauer und bildete früher ein unüberwindliches Hindernis für Reisende. Die erste befestigte Straße durch dieses Gebiet wurde erst 1962 gebaut. Von den zwei Straßen, die die Fold überqueren, ist nur der Highway 24 befestigt, der dem Canyon des Fremont River folgend durch das Nordende der Fold führt. Der unbefestigte Burr Trail verläuft im Zickzack über das erhöhte Südende.

Wenige Canyons zerschneiden die Fold. Sie führen ständig Wasser und sind seit mindestens 10.000 Jahren von Menschen besiedelt, so auch von Völkern der Fremont-Kultur, die nach dem vom Fremont River bewässerten Gebiet benannt ist. Sie breiteten sich mit kleinen Siedlungen über das Coloradoplateau aus und bewirtschafteten in der Schwemmebene des Flusses Bauernhöfe. Sie lebten vom Anbau spezieller Maissorten, von der Jagd und dem Sammeln von Wildpflanzen. Die Dürre des 13. Jahrhunderts zwang die Fremont-Bauern zum Verlassen der Waterpocket Fold. Etwas später wanderten die Nomadenvölker der Ute und Paiute ein und zogen mit den Jahreszeiten von Ort zu Ort. Ende des 19. Jahrhunderts siedelten Mormonen entlang des Fremont River und pflanzten Obst- und Nußplantagen, die noch heute reiche Früchte tragen.

Der Highway 24 bietet den einfachsten Zugang zum Capitol Reef. Er windet sich durch den Canyon des Fremont River mit rätselhaften Felszeichnungen der Fremont-Kultur und dem Ausblick auf den Capitol Dome. Am Besucherzentrum zweigt eine Panoramastraße ab, führt südwärts durch Fruita mit seinen fruchtbaren Obstgärten und dann hinauf zum Grat der Waterpocket Fold. Einer der vielen Wanderwege führt über leichtes Gelände zur Capitol Gorge, einem schmalen Trockenbett zwischen glatten Felswänden gelegen, von dort zum Pioneer Register, einem Felsen mit Inschriften früher Reisender, und zu mehreren Wassermulden.

Die überwiegend unbefestigte Notom-Bullfrog Road, die parallel zum Ostrand der Fold verläuft, bietet dramatische Ausblicke auf diese großartige Landschaft. Im Frühling und Sommer blühen zahlreiche Wildblumen am Bitter Creek Divide, so weißer Phlox, scharlachrote Kastillea und die zarte Mormonentulpe, die Staatsblume von Utah. Vom Burr Trail aus, dem einzigen Weg quer über die Fold, fallen die aufgetürmten Felsschichten nach Osten hin steil ab und geben den Blick auf die fernen Gipfel der Henry Mountains frei. Nach Westen windet sich der Burr Trail durch die Plateaus des neu geschaffenen Grand Staircase National Monument, das zur selben Landschaft gehört, die von Naturjournalist und Wüstensoldat Edward Abbey als »großartige Einöde aus überwiegend blankem Sandstein, eine glatt polierte Steinwüste« bezeichnet wurde.

– Susan J. Tweit –

LINKS: **Sturm über dem Waterpocket Fold, vom Strike Valley Overlook aus aufgenommen**

UNTEN: **The Castle mit herbstlichen Pappeln**

RECHTE SEITE OBEN: **Mondaufgang über Sandsteinfelsen**

RECHTE SEITE UNTEN: **Pinien unterhalb Hickman Bridge**

Arches

ALS DER FRISCHGEBACKENE RANGER EDWARD ABBEY AN seinem ersten Arbeitstag im Arches National Park noch vor Sonnenaufgang aus seinem Dienstwohnwagen trat, war er überwältigt von der urwüchsigen Landschaft aus rotem Sandstein, den zahlreichen Steinbögen, scheinbar schwebenden gigantischen Felsbrocken, scharfen Steinwänden und Kuppen. »Dies ist der schönste Ort der Erde«, schrieb er als ersten Eintrag in sein Tagebuch, das er später unter dem Titel »Desert Solitaire« veröffentlichte. Mit dieser Meinung stand er keineswegs allein, und nachdem Führungskräfte der Denver and Rio Grande Railroad bei Stephen T. Mather, dem Leiter des National Park Service, intervenierten, wurde das Gebiet schließlich 1929 zum National Monument erklärt. 1971 wurde es erweitert und als Arches National Park unter Naturschutz gestellt.

Das Gebiet ist klein genug, um an einem Tag erkundet zu werden, und groß genug, um eine echte Wildnis zu sein. Benannt ist der 295 km² große Arches National Park nach der einzigartigen Anhäufung natürlicher Steinbögen, von denen es hier mehr als irgendwo sonst auf der Welt gibt. Der Park umfaßt über 2.000 natürliche Bögen unterschiedlicher Größe, von winzigen Öffnungen mit einem Durchmesser von gerade einmal 90 cm bis hin zum Landscape Arch, der mit 94 m von Basis zu Basis der größte Vertreter seiner Art ist.

Der Grund für diese Vielzahl von Bögen liegt auf der Hand: Salz. Tief unterhalb der Sedimentschichten des Gesteins, aus dem das Coloradoplateau besteht, liegt eine über 900 m mächtige Schicht aus Gips und anderen Salzen, die einst von einem längst verdunsteten Meer abgelagert wurde. Salz verformt sich unter Druck, und als die Sedimente sich in immer dickeren und schwereren Lagen auftürmten, begann der Siltstein wie warme Knetmasse zu schmelzen. Wo die darüberliegende Gesteinsschicht am dicksten war, wurde die Salzschicht am dünnsten, türmte sich jedoch dort auf, wo das Gestein weniger Druck ausübte. Der Arches-Park liegt über einer Kuppel an einer Stelle, wo die Salzschicht nach oben drückte und die darüber liegenden Sandsteinschichten in regelmäßigen Abständen aufbrach. Im Laufe von Jahrmillionen drangen Regen- und Schmelzwasser, Frost und Eis in diese Spalten ein, nagten am Gestein und trugen es bis auf dünne, vereinzelt stehende Grate ab, aus denen sich anschließend ganze Brocken herauslösten, bis nur noch die Bögen stehen blieben. Dieser Vorgang wiederholte sich tausendfach.

Die Bögen im Arches-Park stehen auf einem fast völlig kahlen, glattpolierten »Pflaster« aus rostrotem Navajo-Sandstein, einer massiven Schicht fossiler Dünen, die sich vor Jahrmillionen in einer saharaähnlichen Wüste ablagerten. Krüppelpinien und -wacholder sprenkeln den glatten Fels und wurzeln in Felsspalten, in denen sich etwas Erde angesammelt hat. Außerdem blüht hier von April bis Oktober ein ganzes Feuerwerk von Wildblumen, die durch die Schneeschmelze und sommerliche Gewitter ausreichend Wasser erhalten. Die nur scheinbar unfruchtbare Landschaft ist die Heimat der gleichen Wüstentiere, die auch das übrige Coloradoplateau bevölkern, etwa Klapperschlangen und Pumas, Kanguruhratten und Ernteameisen.

Viele der Bögen und Formationen des Parks sind von der Hauptstraße aus sichtbar, die vom Besucherzentrum an den Courthouse Towers und der Great Wall zu Devil's Garden im Norden des Parks aufsteigt. Pine Tree Arch, Double-O-Arch und andere Bögen liegen dicht beieinander östlich des Salt Wash, des größten Wasserlaufs, des Parks. Von einer Nebenstraße, die nahe des Balanced Rock von der Hauptstraße abzweigt (etwa dort, wo einst Abbeys Wohnwagen stand), gelangt man in einen als Windows bezeichneten Bereich. Hier gibt es eine weitere dichte Ansammlung von Bögen zu bestaunen, darunter das North Window und das South Window oder den Double Arch, die allesamt über kurze Fußwege erreichbar sind. Der wohl berühmteste Bogen des Parks, Delicate Arch, steht in der Nähe des Cache Valley am Ostrand des Parks.

Wie andere Parks auf dem Coloradoplateau ist auch Arches im Sommer mit Tagestemperaturen von durchweg über 38 °C sehr heiß, dafür jedoch im Winter klirrend kalt. Frühling und Herbst sind in der Regel angenehm, doch muß im Frühjahr mit Sandstürmen und im Herbst bereits mit Schnee gerechnet werden. Die Landschaft des Arches National Park ist rauh, trocken, abweisend, totenstill und dennoch faszinierend. Zu Recht schrieb Abbey in »Desert Solitaire«: »In dieser gleißenden, flimmernden Leere, dieser ariden Intensität weißglühender Hitze ... zieht sich alles zurück ... und reduziert alle Gedanken, alles von Menschenhand Geschaffene zu aufwirbelnden Staubwolken weit draußen in der goldglänzenden Wüste.«

– Susan J. Tweit –

OBEN: **Delicate Arch im ersten Sonnenlicht**

RECHTS: **»Park Avenue«**

RECHTE SEITE: **Turret Arch, bei Sonnenaufgang durch das North Window fotografiert**

OBEN: **Double-O-Arch**

LINKS: **»Schwebende« Felsen**

RECHTE SEITE: **Cliff Palace an der Chapin Mesa**

Mesa Verde

IM DEZEMBER 1888 GELANGTEN RICHARD WETHERILL und Charlie Mason auf der Suche nach Kühen, die sich im Schneesturm auf der Mesa Verde verirrt hatten, an einen Steilhang und entdeckten in einer Felsnische den Cliff Palace, das größte sogenannte Cliff Dwelling im Südwesten der USA. Aufgeregt knüpften die beiden Männer eine Strickleiter, ließen sich daran am glatten Felsen herab und erkundeten eine Stadt, die fast 600 Jahre leergestanden hatte. Schon bald führte die Familie Wetherill Touristen zu diesen uralten Wohnungen. Mesa Verde, der »grüne Tisch«, ist ein Tafelberg hoch über dem Mancos River Valley im Südwesten von Colorado. Der Ort wurde zur Attraktion für Archäologen, Sammler und Schatzjäger.

1906 unterzeichnete Präsident Theodore Roosevelt ein Gesetz, mit dem Mesa Verde als sechster Nationalpark der USA eingerichtet wurde. Damit diente erstmals ein Park ausdrücklich dem Schutz einer kulturellen und nicht einer natürlichen Besonderheit. 1978 wurde die Mesa Verde von der UNESCO zum Weltkulturerbe erklärt. Sie enthält über 4.000 bekannte archäologische Fundstätten, doch jedes Jahr kommen neue hinzu.

Zwar durchstreiften Jäger und Sammler schon vor 12.000 Jahren diesen Teil von Colorado, doch stammen die berühmten Felswohnungen erst von den später dort siedelnden Anasazi, den Vorfahren der Pueblo-Indianer. Archäologen wählten zunächst den Namen Anasazi, der in der Navajo-Sprache soviel wie »feindliche Vorfahren« bedeutet. Die heutigen Pueblo-Indianer gehen jedoch davon aus, daß die Angehörigen dieses »ausgestorbenen« Volkes ihre Ahnen waren, und führen Schöpfungsmythen und Eigenheiten ihrer Kultur zum Beweis an. So bezeichnen die meisten Archäologen das alte Volk als »Ancestral Puebloans«, Vorfahren der Pueblo-Indianer. Dieses Volk kam um das Jahr 550 auf die Mesa Verde, angelockt von den Gegebenheiten dieser Landschaft, die geprägt ist von dichtem Pinien- und Wacholderwald, Quellen und Wasserläufen entlang der massiven Sandsteinklippen, von reichem Wildbestand mit Hirschen und wilden Truthähnen und der relativ flachen und deshalb für den Ackerbau geeigneten Oberfläche des Tafelbergs. Zunächst lebten diese Menschen in kleinen, runden Hütten, die halb unter der Erde lagen und ein mit Schlamm abgedichtetes Dach aus Pinien- und Wacholderzweigen besaßen. Sie bewirtschafteten Überschwemmungsfelder, verstanden sich auf das Flechten kunstvoller Körbe aus Yucca- und Goldasterfasern, domestizierten Truthähne und stellten kunstvolle Keramiken mit schwarzen Mustern auf weißem Grund her.

Rund 200 Jahre später veränderte sich die alte Pueblokultur. Die Menschen gründeten größere Dörfer oben auf dem Tafelberg und begannen, Steingebäude zu errichten. So entstanden geräumige Pueblos, mehrstöckige Wohnbauten um einen Innenhof, die von einer hohen Steinmauer eingefaßt waren. Die Qualität der Mauern reichte an mittelalterliche europäische Fertigkeiten heran. Jeder Stein war sorgfältig zu einem Rechteck behauen und die Mauer fast fugenlos drei bis vier Stockwerke hochgezogen. Zwei große Zisternen und zahlreiche kleinere Staudämme oben auf der Mesa lassen auf intensiven Ackerbau bei zunehmender Dürre schließen.

Um das Jahr 1200 wandelte sich der Lebensstil dieser Menschen nochmals. Sie verließen ihre Pueblos oben auf der Mesa und zogen in »Klippenwohnungen«, die in aller Eile in die Seiten von Steilwänden hineingeschlagen wurden. Warum sie das taten, bleibt ein Rätsel. Vielleicht wollten sie die Wasserquellen in der Hangseite schützen, um ihre Trinkwasserversorgung sicherzustellen, vielleicht wollten Sie das immer knapper werdende Feuerholz sparen und statt dessen stärker die Sonnenwärme nutzen.

Jahrhunderte später zogen die Vorfahren der Pueblo-Indianer erneut um, und diesmal verließen sie die Mesa Verde für immer. Es scheint, als hätten sie einfach ihre Cliff Dwellings aufgegeben, ohne irgend etwas mitzunehmen. Man fand Gefäße voller Mais, Bögen und Pfeile, Schmuck und in einem Fall sogar ein Paar Krücken. Warum gingen sie fort? Vermutlich war eine Kombination mehrerer Faktoren daran schuld, etwa die Dürrezeit, die von 1276 bis 1299 die gesamte Region heimsuchte, und die Überbeanspruchung der vorhandenen natürlichen Ressourcen. Wohin gingen diese Menschen? Zum Oberlauf des Rio Grande, dem Gebiet der Zuñi im Nordwesten von New Mexico, und zu den Hopi Mesas in Arizona. Beide Orte sind noch heute von Pueblo-Indianern bewohnt.

Der Mesa Verde National Park ist über eine gepflasterte Straße zu erreichen, die bis zur steilen Mesa hinaufsteigt und sich dann über die sanft abfallende Tafel zu Chapin Mesa und Wetherill Mesa hinabwindet, den beiden Hauptstätten mit Cliff Dwellings. Die Besucher interessieren sich vor allem für die Bauten von Chapin Mesa, wie der über 200 Räume umfassende Cliff Palace und das Balcony House, das nur über 32 Leitersprossen und einen engen Tunnel erreichbar ist. Am Weg liegt Far View Site, wo man einige der schönsten Beispiele für die Pueblo-Bauten auf der Mesa-Platte sehen kann. Von Wetherill Mesa führt im Sommer ein Fahrweg abseits der Besuchermassen zu sagenhaften Ausblicken auf die Cliff Dwellings, wie sie sich wohl schon Wetherill und Mason an jenem verschneiten Dezembertag im Jahr 1888 geboten haben mögen.

– Susan J. Tweit –

Great Basin

DER FORSCHUNGSREISENDE JOHN C. FRÉMONT NANNTE den riesigen Wüstenstreifen zwischen Kaliforniens Sierra Nevada und Utahs Wasatch Range »Great Basin« (Großes Becken), weil das Wasser in den flachen Tälern, die sich über 546.000 km² erstrecken, keinen natürlichen Abfluß besitzt. Es verdunstet in den flachen Seen oder versickert im Boden. Great Basin gehört zu den wildesten Landschaften des amerikanischen Westens und besteht aus schmalen, hohen Gebirgen, die sich in »schwungvollem, federndem Rhythmus« mit buschbestandenen Wüstentälern abwechseln, schreibt Stephen Trimble 1989 in seinem Buch »The Sagebrush Ocean« zur Entstehungsgeschichte des Great Basin.

Great Basin National Park entstand 1986 aus einem bereits existierenden National Monument und einer U.S. Forest Service Scenic Area. Obwohl der Park nur 312 km² groß ist, besitzt er zahlreiche Attraktionen. Im einzigen Nationalpark Nevadas befindet sich der höchste Berg des Bundesstaates, der 3.982 m hohe Wheeler Peak mit seinen Grannenkiefern, die zu den ältesten Bäumen Nordamerikas zählen, einem Gletscher und den faszinierenden Lehman Caves.

Der Great Basin National Park schwingt sich aus den Beifußsteppen bis in windgepeitschte alpine Höhen auf und umfaßt außerdem die Snake Range, eines der größten Gebirge der Region. Wie das gesamte Gebiet wurde diese Berglandschaft von kollidierenden tektonischen Platten geformt, die zuerst vor 70 bis 50 Millionen Jahren hochgeschoben wurden, während das daran anschließende, durch mächtige Sandsteinschichten versteifte Colorado Plateau, relativ undeformiert blieb. Vor etwa 20 Millionen Jahren begann sich die Erdkruste schließlich erneut auszudehnen, bis sie in lange, überwiegend in Nord-Süd-Richtung verlaufende Spalten aufbrach. Einige Krustenblöcke sanken ab und wurden zu den heutigen Becken, andere kippten, schoben sich übereinander und wurden zu Gebirgen.

Snake Range ist eine klassische »Gebirgsinsel«. Niederschläge werden von den hohen Gipfeln aufgehalten und erreichen nie den Beckenboden. Diese relativ kühle und feuchte Region bietet Tieren und Pflanzen Schutz, die in der Wüste nicht überleben könnten – vom Hirsch bis zur Wasserspitzmaus, von der Espe bis zur Akelei. Auch ein kleiner Gletscher hat hier überdauert. Er entstand vor 12.000 Jahren, als Eisströme von den Gipfeln der Great Basin Range hinunterflossen. Andere alte Relikte, bizarre Grannenkiefern, wachsen auf den oberen Hängen der Snake Range. Diese knorrigen, windgepeitschten Gebilde gehören zu den ältesten Bäumen der Erde. Bis 1964 stand in einem Hain auf Wheeler Peak der älteste Baum der Welt, eine 4.950 Jahre alte Grannenkiefer. Sie wurde trotz großer Proteste gefällt, so daß ein Wissenschaftler die Jahresringe zählen konnte. Die kräftigen, verzweigten Stämme der eindrucksvollen Kiefern sind fast nackt, ihr Holz wurde durch den Wind marmorglatt geschliffen, die wenigen lebenden Äste werden nur von einem dünnen Streifen Rinde und Leitgewebe am Leben erhalten.

Unterhalb der niedrigeren Hänge des Wheeler Peak liegen die Lehman Caves. Die etwa einen halben Kilometer lange Höhle wurde nach einem gewissen Absalom Lehman benannt, der sie in den 80er Jahren des 19. Jahrhunderts zur Touristenattraktion machte. Trotz ihrer geringen Größe lockt sie mit vielen »Dekorationen«. Die Tropfsteinformationen entstanden durch das Grundwasser, das gelösten Kalkstein enthielt. Zu den Höhepunkten gehören neben Stalaktiten, Stalagmiten, Fließstein, Säulen, »Vorhängen« und »Trinkhalmen« auch besondere Raritäten, etwa die »Schilde« von Lehman Caves, symmetrische Scheibenpaare, die an geöffnete Muscheln erinnern und an den Seiten mit Stalaktiten und Fließstein besetzt sind.

Die etwa 20 km lange Panoramastraße Wheeler Park Scenic Drive führt vom Visitor Center zum 3.013 m hoch gelegenen Wheeler Park Campground. Sie passiert zahlreiche Attraktionen des Parks, während sie sich durch Wälder mit Nußkiefern, Wacholder und Gelbkiefern sowie durch Gebirgswälder mit Kiefern und Tannen zu den Bergwiesen an der oberen Baumgrenze windet. An der Panoramastraße beginnen Wanderwege zum uralten Grannenkieferhain, zum Gletscher und zum Gipfel des Wheeler Peak. Die unbefestigten Straßen Baker Creek und Snake Creek Road führen zu Wanderwegen und Campingplätzen im wilderen, weniger besuchten Südteil des Parks. Im Winter macht Schnee alle drei Straßen unbefahrbar. Die Wunder der Lehmann Caves kann man bei einer 1,2 km langen Wanderung durch die beleuchteten unterirdischen Gänge erkunden. Diese Landschaft bietet wahrlich viel zu sehen, obwohl sie auf den ersten Blick wild und bedrohlich erscheint. Es ist schade, daß sie oft nur im Rückspiegel wahrgenommen wird.

– Susan J. Tweit –

OBEN: Espen vor dem Jeff Davis Peak bei Sonnenaufgang

LINKE SEITE: Wheeler Peak und Jeff Davis Peak in der Snake Range

Herbstschnee in der Nähe des Gipfels von Wheeler Peak, im Hintergrund Snake Valley

Rocky Mountain

»EINE ZEITLANG WAREN WIR NICHT SICHER, OB WIR wirklich Berge sahen«, schrieb Edwin James am 30. Juni 1820, als die Expedition von Major Stephen Long in Sichtweite der Front Range, der vordersten Bergkette der Rocky Mountains kam, »oder Bänke aus Kumuluswolken, die sich am Horizont auftürmten ... gegen Abend wurde die Luft klarer, und wir ... konnten die grandiose Silhouette erkennen, die in mächtigen Zickzacklinien dem leuchtenden Saum des Himmels aufgeprägt war«.

Die Rockies sind zwar nicht das höchste Gebirge Nordamerikas, aber vielleicht das eindrucksvollste. An einigen Stellen ragen ihre Wände über 3 km hoch aus den Great Plains empor, und die Bergriesen sind noch aus einer Entfernung von fast 160 km sichtbar. Amerikas längstes Gebirge erstreckt sich über fast 16.000 km von Kanada bis Zentralmexiko und bildet die kontinentale Wasserscheide: Die Flüsse der Ostseite münden in den Pazifik, die der Westseite in den Atlantik. Der 1915 gegründete Rocky Mountain National Park umfaßt die »grandiose Silhouette«, die Longs Expedition einst bestaunte, unter anderem den nach Major Long benannten 4.336 m hohen Longs Peak. Der relativ quadratische Park erstreckt sich mit seinen mehr als 60 über 3.600 m hohen Gipfeln über 1.079 km² und umfaßt über 260 km² alpine Tundra.

Der Aufstieg von Estes Park, 2.286 m hoch am Ostrand des Parks gelegen, hinauf in die windgepeitschten Höhen gleicht einer Reise, die über 1.000 km nach Norden führt. Zunächst trifft man auf offene Gelbkiefernwälder, dann windet sich die Straße durch dichte Douglasienwälder, hier und da unterbrochen von Hainen mit Espen und Drehkiefern, deren Samen erst durch Feuer keimfähig werden. Noch höher, wo der Schnee bis Juli liegenbleibt und die unzähligen Mücken eine furchtbare Plage bilden, liegen Wälder mit subalpinen Tannen und Engelmannsfichten. Nahe der Baumgrenze zwischen 3.000 und 3.500 m stutzt der ständige Wind die Zirbelkiefern, Tannen und Fichten zu zwergwüchsigen Krüppelwäldern.

Darüber liegt die sanft gewellte alpine Tundra, eine nur wenige Zentimeter hohe Pflanzenwelt. Die winzigen Pflanzen schmiegen sich eng an den Boden, um von der besonnten Erde Wärme aufzunehmen und Schutz vor dem austrocknenden Wind zu finden. (Mit Windgeschwindigkeiten bis zu 320 km/h gehören die Rockies zu den windigsten Orten Amerikas). Da ihre Wachstumsphase nur sechs Wochen im Jahr beträgt, wachsen Tundrapflanzen äußerst langsam – so wird das kleine Stengellose Leimkraut bis zu 200 Jahre alt. Doch selbst die harte windgepeitschte Tundra strotzt während des kurzen Sommers vor Leben. Mohrenfalter (Erebia magdalena) sonnen sich auf den Hängen, und man hört die schrillen Pfiffe der kleinen kaninchenartigen Tika, die Tundrapflanzen als Wintervorrat sammeln.

Der US-Highway 34 (Trail Ridge Road) ist die höchstgelegene Autobahn der Vereinigten Staaten. Von Ende Mai bis Mitte Oktober nutzen Besucher diese Ost-West-Route durch den Park, überqueren die Kontinentale Wetterscheide und fahren durch bis zu 3.658 m hoch gelegene Tundragebiete. Das mehr als 500 km große Netz aus Wanderwegen wird allen Erwartungen gerecht und bietet ein breites Spektrum an Möglichkeiten, von kurzen Wanderungen bis zu anstrengenden, tagelangen Touren.

Die zentrale Herausforderung für die Parkverwaltung besteht darin, die ursprüngliche Wildnis zu bewahren. Jährlich besuchen mehr als 3 Millionen Menschen den Park, der nur zwei Autostunden von Denver entfernt liegt. Die meisten benutzen die Trail Ridge Road, die an manchen Sommerwochenenden bis zu 700 Fahrzeuge in der Stunde fassen muß. Um den Massen zu entgehen, sollte man auf die Einbahnstraße Old Fall River Road ausweichen. Die schmale, un-befestigte Straße führt an den Kaskaden des Fall River entlang, windet sich dann als Serpentine die steile Wand eines von einem Gletscher eingeschnittenen Kars auf die Tundra hoch und trifft nahe des Alpine Visitor Center auf die Trail Ridge Road. Man kann auch die weniger besuchte Westseite des Parks erkunden, etwa auf dem 11 km langen Rundweg hinauf zum Devil's Staircase, einem Grat mit atemberaubender Aussicht auf West-Colorado.

OBEN: Blick von der Trail Ridge Road auf Longs Peak, der sich hoch über Wolken und Schnee erhebt

UNTEN: Sprague Lake

Bizarre Kiefer an der Mummy Range >>>

Grand Teton

NÄHERT MAN SICH DEM GRAND TETON NATIONAL PARK von Osten, wird man mit einem atemberaubenden Ausblick belohnt: Eine Wand aus gezackten Gipfeln, greifbar nah, erhebt sich steil aus einem flachen, grünen Tal. Bis zu 3.960 m hohe Berge mit nackten, von Gletschern zerschnittenen Felswänden bilden die Teton Range. Im von geruhsamen Windungen des Snake River durchzogenen Tal liegt das Städtchen Jackson Hole.

Anfang des 19. Jahrhunderts fühlten sich französische Trapper, die den Gebirgszug von seiner sanften westlichen Seite aus sahen, an drei Brüste erinnert und tauften die Berge »Les Trois Tétons«. Im 20. Jahrhundert begann man, aus der spektakulären Landschaft Profit zu ziehen. Ferienranches und andere Touristenattraktionen schossen wie Pilze aus dem Boden. Doch bis 1929, etwa 50 Jahre nach Gründung des benachbarten Yellowstone, lehnten die Bürger von Jackson Hole die Gründung des Nationalparks ab. Zum Teil ist es John D. Rockefellers Schenkung von etwa 14.850 km² des Tales zu verdanken, daß der Park heute mehr als 1.261 km² der Teton Range und von Jackson Hole einnimmt und vom Yellowstone zur Stadt Jackson reicht.

Die Entstehung der grandiosen Landschaft von Grand Teton ist geprägt von Intrusion, Immersion, Explosion, Horstbildung und Vergletscherung. Obwohl ihr Kern aus 2,5 Milliarden Jahren alten Felsen besteht, überlagert mit Sedimenten vom Meeresboden, die sich über Jahrmillionen abgesetzt haben, ist die Teton Range mit 5 bis 9 Millionen Jahren noch jung. Lange nachdem die übrigen Rokkies vor etwa 55 Millionen Jahren hochgedrückt worden waren und die Region durch wiederholte Explosionen der Yellowstone-Caldera mit Asche und Lava bedeckt worden war, entstanden die Tetons durch massive Verwerfungen.

Die Teton Range ist mitunter sehr steil. Die Felsschichten in den weiter wachsenden Bergen sind bis zu 9.100 m höher als ihre Gegenstücke tief im immer noch sinkenden Boden von Jackson Hole. In den letzten Jahrmillionen gaben zehn Vergletscherungsschübe den Gipfeln ihre zerklüftete Gestalt. Sie höhlten die U-förmigen Canyons aus, ließen Gletschergeröll, die Moränen, an den Canyoneingängen zurück und trugen damit zur Bildung der vielen Seen bei, die den Boden des Gebirges bedecken.

Obwohl der Nationalpark überall mit Privatgrund durchzogen ist und sich sogar ein großer Flughafen auf dem Gelände befindet, hat er nichts von seinem ursprünglichen Charakter eingebüßt. Erdbeben und Waldbrände formen weiter die Landschaft, die mit Bisons und Elchen bis zu Kolibris und Mistkäfern so viele Tierarten beherbergt wie Yellowstone. Die meisten der jährlich 4 Millionen Parkbesucher kommen im Sommer, wenn die Straßen und die mehr als 320 km Wanderwege schneefrei sind. Wer den Massen entfliehen will, kann mit dem Floß den Snake River befahren, der sich durch Jackson Hole windet und horstende Weißkopfseeadler, Fischadler und Trompeterschwäne beobachten. Man mag einen der ruhigeren Canyons im Süden erkunden, etwa den Granite Canyon, wo eine Bahn nach Teton Village bis auf den Gipfel des Rendezvous Mountain führt, und über blumenübersäte Wiesen nach unten wandern. Auch die Gros Ventre Slide am Ostrand von Jackson Hole ist ein eindrucksvolles Zeugnis der aktiven geologischen Kräfte. 1925 prasselten 75 Millionen Tonnen Felsgestein, durch Erdbeben und Regen gelockert, in die Tiefe, türmten sich teilweise auf der Gegenseite auf und blockierten den Gros Ventre River.

Der Bergführer Jack Turner berichtet in seinem Buch »The Abstract Wild« (1996), er habe über dem Gipfel des 4.197 m hohen Grand Teton Schwärme weißer Pelikane gesehen. Was hat die Vögel bewogen, so hoch zu fliegen? Laut Turner die gleiche Ekstase, die Bergsteiger veranlaßt, zu jodeln und zu singen, wenn sie einen Gipfel erklommen haben. Warum sollte der Mensch inmitten dieser unglaublichen Naturschönheiten als einziger Freude empfinden?

– Susan J. Tweit –

PANORAMA: Die Tetons spiegeln sich im Jackson Lake.

LINKS: Mount Teton

RECHTS: **Wildblumen blühen auf den Beifußsteppen östlich von Jackson Lake und den Tetons.**

UNTEN: **Teton Range und Überschwemmungsgebiet des Snake River in der Morgendämmerung**

Cascade Creek und Mount Owen

Yellowstone

ALS DER TRAPPER JOHN COLTER 1808 VON EINEM ABSTECHER in die Gegend, die heute zum Nordwesten Wyomings gehört, zurückkehrte und von sprudelnden Geysiren und heißen Quellen berichtete, hielt man ihn für einen Lügner. Doch schon bald bestätigten andere Reisende seine Schilderungen. Joe Meek beispielsweise schaute 1829 über einen Gebirgsgrat und »das ganze Land, das vor ihm lag, dampfte aus heißen Quellen und rauchte aus kleinen Kratern, in denen Gase verbrannten.«

1871 führte der Geologe Ferdinand V. Hayden eine Expeditionsgruppe der Regierung zu den Wundern von Yellowstone. Der Expeditionsbericht, der von dem Maler Thomas Moran und dem Fotografen William Henry Jackson illustriert wurde, machte auf den Kongreß einen so tiefen Eindruck, daß dieser hier 1872 den ersten Nationalpark der Welt gründete. Laut Gesetz wurde Yellowstone zum »Erholungsgebiet zum Nutzen und zur Erbauung des Menschen« erklärt und »sämtliche Holz- und Mineralvorkommen, Besonderheiten der Natur und Naturwunder« im Park unter Schutz gestellt. Zunächst erhielt die US-Armee die Kontrolle über den Park, sie bewachte die Wildnis von 1886 bis 1916. Die Gebäude von Fort Yellowstone in Mammoth Hot Springs, weltweit einer der besterhaltenen Kavaleriestützpunkte des 19. Jahrhunderts, werden immer noch genutzt.

Innerhalb der nahezu quadratischen Grenzen des etwa 9.000 km² großen Yellowstone Nationalparks befinden sich zahlreiche Attraktionen, unter anderem über 10.000 Thermalphänomene – zwei Drittel aller Geysire der Erde, zahlreiche heiße Quellen, Schlammtöpfe und Fumarolen, die übelriechende Gase ausstoßen – sowie der über 450 m tiefe Grand Canyon des Yellowstone River mit zwei riesigen Wasserfällen, von denen einer doppelt so hoch ist wie die Niagara Fälle, Yellowstone Lake, der größte Gebirgssee Nordamerikas, der 500 Millionen Jahre alte Fossilienwald von Specimen Ridge (der den Trapper und Bergführer Jim Bridger zu seinen Geschichten von versteinerten Vögeln inspirierte, die auf versteinerten Bäumen singen) und sieben Bergketten und Hochplateaus.

Yellowstone verdankt seine atemberaubenden thermalen Besonderheiten seiner besonderen Lage auf einem der »Hot Spots« des Erdmantels, wo geschmolzenes Felsgestein nur 3,2 km unterhalb der Oberfläche liegt (die normale Tiefe beträgt 24 bis 48 km) und das Grundwasser bis über den Siedepunkt erhitzt. Das kochende Wasser dringt durch Felsspalten zur Oberfläche und explodiert als Geysir oder kommt als blubbernder Schlammtopf, Pfuhl oder heiße Quelle zutage. Algen und Bakterien färben die Ränder der heißen Quellen bunt. Besonders eindrucksvoll sind die Thermalphänomene morgens und abends, wenn die Luft kühler ist und Dampfwolken aus den heißen Quellen und den Geysiren aufsteigen.

Yellowstone wird oft als amerikanische Serengeti bezeichnet und ist Heimat für über 20.000 Hirsche, mehrere tausend Bisons, etwa 250 Grizzlys sowie zahlreiche

Castle Geyser, Old Faithful Geyser Basin

Touristen am Old Faithful

Dickhornschafe, Elche, Rehe, Gabelböcke und unzählige andere Wildtiere, zu denen allein 29 Mückenarten zählen. 1995 wurden allen Kontroversen zum Trotz etwa 100 Grauwölfe im Park ausgewildert, nachdem man sie dort in den 30er Jahren völlig ausgerottet hatte. Hayden Valley im Herzen des Parks ist der beste Ort zur Beobachtung wildlebender Tiere. Die Wölfe sieht man am häufigsten in Lamar Valley in der nordöstlichen Ecke des Parks.

Im Sommer 1988 führte die Kombination aus Dürre, ungewöhnlich großer Hitze und 100 Jahre langer Feuerunterdrückung zu Bränden, die fast 450.000 ha in und um Yellowstone vernichteten. Doch die feueradaptierten Ökosysteme haben sich inzwischen wunderbar erholt. Ehemals dichte Drehkiefernwälder wurden als grasbewachsene, mit Wildblumen übersäte Lichtungen neu geboren, Espenhaine sprossen an Stellen aus dem Boden, wo man sie seit 50 Jahren nicht mehr gesehen hatte. Die durch die Brände verursachten Umweltveränderungen haben den meisten wildlebenden Arten genutzt.

Das 560 km große Straßennetz, das den Park durchzieht (die Straßen sind von Mai bis Anfang November befahrbar, während der übrigen Zeit kann man sie mit Snowmobil, Skiern oder Schneeschuhen erkunden), ist im Sommer oft verstopft, weil sich 99 Prozent der drei Millionen Besucher kaum von der Straße entfernen. Ein 1.760 km großes Netz aus Wanderwegen führt Besucher ins Herz der riesigen Wildnis, wo sie eruptierende Geysire bestaunen, Pelikane im Yellowstone Lake beim Tauchen nach Fischen beobachten und den Zauber des ersten Nationalparks der Vereinigten Staaten genießen.

– Susan J. Tweit –

Drehkiefer am Cupid Spring

Holzstege an der Minerva Terrace erlauben Besuchern einen guten Blick auf die Formationen.

OBEN RECHTS: **Heiße Quelle am Firehole River, Upper Geysir Basin**

GANZ RECHTS: **Der Fluß stürzt über die Yellowstone Falls in den Grand Canyon des Yellowstone River.**

UNTEN: **Shoshone Lake**

Waterton/Glacier

IN DER DRAMATISCHEN BERGLANDSCHAFT VON WATERTON (Kanada) und Glacier (USA) leben die beiden meistgefürchteten Raubtierarten Nordamerikas, Grizzly und Grauwolf. 1932 wurde der International Peace Park gegründet, um die natürliche Einheit der beiden Parks zu bekräftigen und die Bande zwischen Kanada und den USA zu festigen. Der Naturforscher John Muir meinte, nirgendwo in ganz Amerika könne man seine Sorgen besser vergessen als in diesem Teil der nördlichen Rockies. Der gesamte Park ist etwas kleiner als der US-Staat Delaware und erstreckt sich über 4.420 km², 95 Prozent davon liegen auf US-Gebiet. Beide Teile werden getrennt verwaltet, doch man arbeitet in vielen Bereichen zusammen, etwa bei der Erforschung und beim Schutz des Wildtierbestandes und bei der Besucherinformation. 1995 wurden beide Parks zu Biosphärenreservaten und zum Weltnaturerbe ernannt.

Die Enstehungsgeschichte der außergewöhnlichen Landschaft begann vor etwa einer Milliarde Jahre mit der Ablagerung von Sedimenten im Meer. Sie erhärteten allmählich zu Kalkstein, Schlammstein und Sandstein und wurden von den bergformenden tektonischen Kräften gebogen, gefaltet und zerklüftet. Dann wurde von Westen her eine 480 km lange Scholle (Lewis Overthrust) über die Felsen im Osten gedrückt. Schließlich fraßen Gletschereis und Wasser Zacken, Türme, messerscharfe Grate und U-förmige Trogtäler in die Felsen und schmückten die Landschaft mit Hunderten von Seen.

Glacier nimmt einen ganz besonderen Platz in der kontinentalen Wasser- und Wetterscheide ein. Ein Regentropfen, der auf den Gipfel des Triple Divide Peak fällt, könnte mit dem Columbia River in den Pazifik gelangen, mit dem Missouri oder Mississippi in den Golf von Mexiko oder mit dem Athabasca River in die kanadische Hudson Bay. Die Westflanke hält die vom Pazifik kommenden feuchten Luftmassen auf und bewirkt somit, daß die Ostseite im Regenschatten liegt, so daß die Livingstone und Lewis Ranges sehr unterschiedliche Lebensräume bieten. Dichte Lärchen-, Fichten-, Tannen- und Drehkiefernwälder, an einigen Stellen auch Riesenlebensbäume und Hemlocktannen bedecken die Westhänge, während Grasbewuchs und Espen die östlichen Hänge prägen. Außerdem bietet der Overthrust auf relativ kleinem Terrain zahlreiche unterschiedliche Lebensräume. Daraus erklärt sich, daß es in Glacier mehr als 1.000 Pflanzenarten, 60 einheimische Säugetierarten und 200 Vogelarten gibt, eine ungewöhnlich große Zahl für ein so kleines Gebiet. Im Juli und August, wenn der letzte Winterschnee schmilzt, sind die Bergwiesen mit Wildblumen übersät.

Die berühmtesten Wildtiere im Glacier Park sind die 300 Grizzlys, die etwa ein Drittel der Gesamtpopulation der kontinentalen US-Staaten ohne Alaska ausmachen. In den 1970er Jahren begannen Wölfe, die von Kanada aus nach Süden zogen, sich in Glacier wieder anzusiedeln. Aufgrund der drastischen Klimaunterschiede von Westen nach Osten ist Glacier der einzige US-Nationalpark außerhalb Alaskas, in dem sowohl Schneeziegen als auch Dickhornschafe leben. Bei der Gründung von Waterton (1895) und Glacier (1910) waren die Bisons bereits verschwunden, doch es gibt noch unzählige Elche und Wapiti-Hirsche.

Der größte Teil der jährlich 2 Millionen Besucher kommt im Juli oder August, wenn alle Straßen befahrbar sind, wie die Going to the Sun Road, die den Saint Mary Lake im Osten mit dem Lake McDonald im Westen verbindet. Die Flüsse und Seen des Parks sind reiche Fischgründe, und auf Many Glacier, Rising Sun, Waterton Lake, Two Medicine und Lake McDonald verkehren Ausflugsboote. Mehr als 1.280 km Wanderwege bieten die Möglichkeit, den Menschenmassen zu entgehen. Im Herbst kommen passionierte Vogelfans, um zu beobachten, wie sich mehr als 400 Weißkopfseeadler am Lake McDonald versammeln. Von November bis Mai gehört der Park den Wintersportlern.

– Mike Macy –

St. Mary Lake im Glacier National Park

Bärengras am
Grinnell Lake

North Cascades

TIEF BEEINDRUCKT VON DER SCHÖNHEIT DER NORTH Cascade Mountains schrieb Henry Custer von der International Boundary Commission 1859: »Nirgendwo sonst besitzen Bergmassen derart ungewöhnliche, phantastische, eindrucksvolle und faszinierende Konturen«. Der Nationalpark North Cascades wurde 1968 gegründet und besteht aus zwei Parkteilen und zwei National Recreation Areas. Die Ross Lake National Recreation Area teilt den Park in einen Nord- und einen Südteil, folgt dem Skagit River und umfaßt zwei kleinere Seen, drei Wasserkraftwerke, den North Cascade Highway und die meisten Besuchereinrichtungen. Die Lake Chelan National Recreation Area schließt am südlichen Teil des Nationalparks an. Alle vier Teile gemeinsam umfassen ein Gebiet von etwa 2.778 km² und sind damit etwas größer als Rhode Island. Sie liegen eingebettet zwischen Wildnis-Gebieten des U.S. Forest Service und dem Manning Provincial Park im kanadischen British Columbia.

1916 schrieb die Bergsteigerin Laurie L. Frazier: »An diesem Tag hatten wir den schönsten Blick auf den mächtigen zerklüfteten alten Shuksan. Doch die riesigen, kriechenden, von tiefen Spalten mit mächtigen Eiszacken durchzogenen Gletscher zwischen den finsteren, bedrohlichen Felskeilen und den schroffen, von wirbelnden Wolken umgebenen Türmen waren wenig einladend. Alles wirkte uneinnehmbar.« Obwohl Frazier den heute höchsten Berg des Nationalparks, den 2.783 m hohen Mount Shuksan, beschrieb, erinnern ihre Worte an viele frühe Schilderungen der North Cascades – den zerklüftetsten Teil der Cascade Range, der sich von Kanada bis Nordkalifornien erstreckt. Die Vulkane der Gebirgskette befinden sich nicht im Parkgebiet (der nächste wäre Mount Baker, weniger als 8 km vom Nordteil entfernt), es gibt jedoch unzählige Wasserfälle, denen die Gebirgskette ihren Namen verdankt. Bis zu 280 cm Niederschlag fällt jährlich auf die Westseite des Parks und sorgt dafür, daß dort gemäßigte Regenwälder ähnlich denen an der Pazifikküste von Oregon bis Alaska gedeihen. Zu den Besonderheiten des Parks gehören Roterle, Kletterpflanzen, Großblättriger Ahorn, Brennesseln, Igel-Aralien, Sitkafichten, Douglasien, Westamerikanische Hemlocktannen und Riesenlebensbäume. Ein Regenschatten östlich des Kaskadenkammes mit weniger als 90 cm Niederschlag pro Jahr sorgt für üppige Beifußwiesen und Gelbkiefern- und Drehkiefernwälder. In größeren Höhen fällt der Niederschlag meist als Schnee und speist die 350 alpinen Gletscher des Parks, mehr als die Hälfte der Gletscher aller 48 zusammenhängenden US-Staaten. Die heutigen Gletscher sind Reste der Eismassen, die viele der Trogtäler geschaffen haben, zu denen auch Stehekin und Lake Chelan, einer der tiefsten Seen Amerikas, gehören. Der Grund dieses 457 m tiefen Sees befindet sich etwa 120 m unterhalb des Meeresspiegels und erinnert an die abtragende Kraft der Gletscher. Die Niederschlags- und Höhenunterschiede sorgen für eine ungewöhnlich vielfältige Flora, es gibt im Park mehr als 1.500 Pflanzenarten. North Cascades ist der einzige Ort im pazifischen Nordwesten, der von Grizzlys und Wölfen besucht wird. Sie kommen aus Kanada herüber und siedeln sich südlich der Grenze wieder an.

North Cascades ist nur drei Autostunden von Seattle entfernt, doch nur 23.000 Besucher kommen in den eigentlichen Park, durch den eine einzige schmale, gewundene Straße führt. Mehr als 330.000 Personen fahren auf dem North Cascades Highway, der als landschaftlich schönster Washingtons gilt, zur Ross Lake Recreation Area. Der Highway ist im Winter geschlossen und bietet eindrucksvolle Blicke auf den Park. Es führt keine Straße zu dem historischen Ferienort Stehekin am oberen Teil von Lake Chelan. Man erreicht ihn zu Fuß oder mit dem Flugzeug, doch die meisten Besucher wählen den Wasserweg. Mit dem Schiff beträgt die Entfernung von Chelan bis zur Spitze des Sees 80 km. Bevor Hunderte Kilometer Wanderwege gebaut wurden, machten heruntergefallenes Holz und unwegsames Gelände das Reisen in den Cascades zu einem Alptraum.

– Mike Macy –

Mount Challenger

Blick auf Whatcom Peak vom Tapto Lakes Basin

Wrangell-St. Elias

IM JULI 1741 ERKLÄRTE DER FORSCHUNGSREISENDE VITUS Bering, nachdem er von Sibirien aus sechs Wochen lang den Nordpazifik überquert hatte, daß die wolkenartige Masse, die am nördlichen Horizont schimmerte, in Wirklichkeit ein Berg sei. Tatsächlich hatte die vorwiegend russische Expedition den höchsten Küstenberg der Welt entdeckt. Der 5.488 m hohe Mount St. Elias befindet sich nur 16 km vom Flutgebiet der Meeresküste entfernt an der Verbindung zwischen dem heutigen Südostzipfel Alaskas und dem restlichen Staat. Die Entdecker erreichten die Küste und tauften den Berg nach dem St.-Elias-Tag des russisch-orthodoxen Kalenders.

Wrangell-St. Elias, der 1980 eingerichtete, größte Nationalpark der USA, wurde 1979 zum Weltnaturerbe erklärt und ist mit etwa 52.000 km^2 fast sechsmal so groß wie Yellowstone und größer als Vermont und New Hampshire zusammen. Der Name des Parks bezieht sich auf die beiden höchsten Gebirgskämme. Der höhere, St. Elias, befindet sich im südöstlichen Teil des Parks, der von der Yakutat- und der Icy-Bucht eingekerbt ist. Beide Buchten münden in Fjorde, die während des Sommers von Schiffen angelaufen werden. Zwischen den beiden Buchten liegt der Malaspina-Gletscher, der größer als Rhode Island ist und nach dem italienischen Entdecker benannt wurde, der 1791 als erster Europäer Yakutat Bay erreichte. Malaspina ist einer der größten Piedmontgletscher der Welt, also ein fester kompakter Eisstrom, der aus den Bergen stammt und sich über eine breite Tieflandebene ausgebreitet hat. Das niedrigere Gebirge, die Wrangells, liegt im Nordwesten von St. Elias und besteht aus vier vergletscherten Vulkanen, die bis zu 4.870 m hoch sind. Nur einer, Mount Wrangell, ist noch aktiv, auch wenn seine letzte Eruption 1900 stattfand. Im Nordwesten enden die Wrangells abrupt am Copper River und bieten Autofahrern atemberaubende Ausblicke. Eine dritte Bergkette, die Chugach Mountains, verläuft parallel zu den Wrangells westlich des Chitina-River-Tals, das von der Landseite her den wichtigsten Eingang zum Park darstellt.

Ein Großteil des restlichen Parks ist nur für Bergsteiger und auf dem Wasserweg zugänglich. 1891 beschrieb I. C. Russell, einer der ersten, die in das Herz des heutigen Parks schauten, den Blick von der Flanke des Mt. Elias aus: »Ich hatte ... vergleichsweise flaches, waldreiches Land erwartet. ... statt dessen bot sich meinen erstaunten Augen der Anblick eines riesigen schneebedeckten Gebietes, das sich schier endlos auszudehnen schien und aus dem Hunderte, wenn nicht gar Tausende kahle, spitze Berggipfel ragten. Es gab keinen Fluß, keinen See, keinerlei Spur von Vegetation. Man kann sich keinen einsameren, verlasseneren Ort vorstellen als diese Landschaft.« Nirgendwo außerhalb Grönlands und der Polarzone gibt es so viel Eis und Schnee. Eine Flugreise über das riesige, menschenleere Gebiet bestätigt Russells Eindruck. Zu den 75 namentlich bekannten Gletschern dort gehört Bagley Icefield, der längste und größte Tal-Gletscher Nordamerikas.

Eis und Schnee machen die Region nahezu unbewohnbar und unerschließbar. Eine Ausnahme bildete der Versuch, tief im Herzen der Wrangells Kupfer abzubauen, das man 1908 dort entdeckt hatte. Um das Erz abzubauen, wurde eine 240 km lange Eisenbahnstrecke von Cordova am östlichen Ende des Prince William Sound bis nach Kennicott gebaut. Doch die Mine wurde 1938 geschlossen und nie wieder in Betrieb genommen. Heute ist sie ein beliebtes Besucherziel. Man erreicht sie nach einer etwa 100 km langen beschwerlichen Fahrt auf einer alten Eisenbahntrasse, die bis zum Dorf McCarthy im gebirgigen Herzen des Parks führt.

Die verschiedenen Lebensräume innerhalb des Nationalparks brachten eine erstaunliche Artenvielfalt hervor. Wale und andere Meeressäuger bevölkern die südliche Küste, und in den Gebirgsregionen leben Schneeziegen, Weißkopfseeadler und Wanderfalken. Im Binnenland ziehen Lachse die Flüsse hinauf, während Dallschafe auf über 2.100 m hohen Graten nach Futter suchen oder sich dort vor Raubtieren schützen. Durch bewaldete Täler und über subalpine Hänge ziehen Elche, Schwarz- und Braunbären sowie Wölfe, gelegentlich auch Karibus oder Bisons. In Wrangell-St.Elias liegen die südlichsten Nistplätze von Vogelarten, die man normalerweise eher in der Arktis und im Binnenland Alaskas vermuten würde.

– Mike Macy –

RECHTS: **Blick auf Mount St. Elias von Kageat Point, Icy Bay**

UNTEN: **Malaspina Glacier mit Mount St. Elias und Agassiz Lake**

Ein Wanderer betrachtet das Bagley-Eisfeld.

Mount Drum und der Copper River

Glacier Bay

ALS DIE LIEUTENANTS WHIDBEY UND LE MESURIER BEI der Erforschung der Küste Alaskas im Auftrag der British Royal Navy mit Captain George Vancouver als erste Europäer diese Gegend erreichten, war die heutige Region Glacier Bay noch im Begriff zu entstehen. Die Männer berichteten, der Eingang sei »von dicken Eisbergen verschlossen gewesen, die senkrecht in die Höhe ragten«. Im Grunde gab es die Glacier Bay vor 200 Jahren noch gar nicht. Das Herz des heutigen Glacier Bay National Park wurde damals von einem 1.200 m dicken, 32 km breiten und 120 km langen Gletscher bedeckt. Das Wasser vor dem Gletscher war mit abgebrochenen Eismassen verstopft, so daß an ein Durchkommen nicht zu denken war.

Als der Naturforscher John Muir 75 Jahre später dorthin kam, hatte sich das Eis bereits über 70 km nach Norden zurückgezogen. Muir traf auf eine Landschaft, die vor seinen Augen aus dem Eis aufstieg. Hier fand er 1879 den sichtbaren Beweis dafür, daß tatsächlich Gletscher die dramatische Landschaft seines geliebten Yosemite geformt hatten. »Wir sahen die weltformenden Kräfte bei ihrer Arbeit und kletterten über Ebenen, die sie (die Gletscher) erst gestern geschaffen hatten«. Obwohl sich der Rückzug seither verlangsamt hat, ist Glacier Bay ein stetig weiterwachsender Komplex aus Fjorden, der etwa 220 km in die Fairweather-St.Elias Mountains hineinreicht. Außer den weltweiten Klimaveränderungen haben auch Naturkatastrophen viel zum Rückzug der Gletscher beigetragen, vor allem das schwere Erdbeben von 1899.

Es ist auch den Schriften und Zeichnungen Muirs zu verdanken, daß Glacier Bay schon um 1900 eine Touristenattraktion war. Um den wissenschaftlichen und landschaftlichen Wert zu bewahren, erklärte man Glacier Bay 1925 zum Naturdenkmal. 1980 wurde die Bucht Nationalpark und im Nordwesten um Dry Bay um fast 26.282 ha erweitert. Die UNESCO erklärte sie 1986 zum Biosphärenreservat und 1992 zum Weltnaturerbe. Glacier Bay ist der einzige Nationalpark Alaskas, der auch Meerwasser einschließt. Mit insgesamt 13.325 km² ist er etwas größer als Connecticut.

Die Bucht selbst liegt am nördlichen Ende der Inside Passage und beherrscht die Osthälfte des Parks. Etwa 40 km nördlich vom Eingang gabelt sich die Bay in den Muir-Inlet-Fjord-Komplex im Norden und den längeren West-Arm-Fjord-Komplex im Nordwesten. An klaren Tagen ist John Hopkins Inlet besonders eindrucksvoll, weil die benachbarten Gipfel bis zu 2.400 m hoch in den Himmel ragen. Die Fairweather Range mit dem 4.670 m hohen Mt. Fairweather, 24 km vom Pazifik entfernt, dominiert die westliche Parkhälfte. Die Fairweathers sind das zweithöchste Küstengebirge der Welt und fangen die Feuchtigkeit der herüberziehenden Stürme ab. Niederschläge fallen meist als Schnee und speisen die Gletscher des Parks.

Der Park umfaßt zwei weitere wichtige, wenn auch selten besuchte Regionen, die Bären, Wölfen, Ziegen und anderen Tierarten als Durchzugsgebiet und Lebensraum dienen. Zur südwestlichen Ecke gehören mehrere Buchten und bewaldete Landzungen, die an den Cross Sound und den Golf von Alaska grenzen. Die nordwestliche Ecke besteht aus einer schmalen bewaldeten Landzunge, die am stürmischen Golf von Alaska und am Alsek River liegt. Das Gebiet an der Mündung des Alsek ist ein wichtiges Durchzugsgebiet für Wasser- und Küstenvögel. Gefährliche Strömungen, starke Brandung, fehlende Besuchereinrichtungen und die hohen Kosten für das Mieten von Booten und Flugzeugen schrecken die meisten Besucher ab.

Glacier Bay eignet sich ideal zur Erforschung des Gletscherrückzugs und der nachfolgenden Entwicklung der Flora. Wo Vancouvers Männer nichts als Eis sahen, stehen heute gemäßigte Regenwälder mit bis zu 200 Jahre alten Sitkafichten. Wildlebende Tiere bevölkern die neuen Wälder und Feuchtgebiete. Im Sommer sind die Eisberge ideale Spielplätze für Seehundbabys, und in der Bay tummeln sich mehr als 4.000 Seehunde. Bei ruhiger Windlage hört man nicht nur die zwischen Alaska und Hawaii hin und her ziehenden Buckelwale blasen und krachend aufs Wasser donnern, sondern auch die Rufe der Kojoten und Wölfe, der Gänse, Adler, Seevögel und Singvögel.

– Mike Macy –

LINKE SEITE, LINKS: **Regenwald mit Sitkafichten und Hemlocktannen am Bartlett Cove**

LINKE SEITE, RECHTS: **Die Fairweather Range spiegelt sich in einem der vielen Seen der Region.**

UNTEN LINKS: **Zusammenfluß der beiden Flüsse Alsek und Tatshenshini River**

UNTEN: **Aus der Vogelperspektive sind die »Landmarken« Glacier Bay, Blue Pond, White Thunder Ridge und Riggs Glacier gut zu erkennen.**

Denali

AUF DER LANDKARTE HEISST NORDAMERIKAS HÖCHSTER Berg Mount McKinley. Er ist nach dem verstorbenen Senator von Ohio und 25. Präsident der USA benannt, doch die meisten Bewohner Alaskas kennen ihn unter dem Namen, den ihm die Athabasken-Indianer gaben: Denali (der Große). Der Bergriese mißt 6.194 m und thront hoch über dem Rest der Alaska Range. Selbst sein höchster Rivale, der 5.304 m hohe Mount Foraker, den die Athabasken für Denalis »Frau« hielten, wirkt daneben wie ein Zwerg. Der Denali ragt 5.500 m aus dem Gelände unmittelbar im Norden heraus. Selbst der Gipfel des Mount Everest erhebt sich nur 4.500 m über das angrenzende Tibetanische Plateau. An klaren Tagen sieht man den Riesen Denali bis ins 256 km nördliche Fairbanks und ins 216 km südliche Anchorage. Aufgrund seiner Größe, Masse, Höhe und Lage ist der Mt. McKinley Alaskas Kernstück.

Der Berg ist zudem das Wahrzeichen von Alaskas beliebtestem Nationalpark, der pro Jahr mehr als 550.000 Besucher anlockt. Die unermüdlichen Bemühungen des Großwildjägers Charles Sheldon und des Boone & Crockett Club führten 1917 zur Gründung des Mt. McKinley Nationalparks. 1980 wurden der ursprünglichen Fläche von 800.000 ha weitere 1.600.000 ha hinzugefügt, und der Name wurde in Denali National Park and Preserve geändert. Die Erweiterungen stellen den Berggipfel mitsamt der südlichen Zugänge und wichtige Lebensräume auf der Südflanke des Alaska Range unter Schutz, die sich vorher außerhalb der Parkgrenzen befanden. Mit mehr als 24.000 km² sind der Park und das Schutzgebiet, seit 1976 auch Biosphärenreservat, größer als Vermont. Der Naturforscher Adolph Murie schrieb, der Park wäre aufgrund seiner alpinen Schönheit, der arktischen Vegetation und der faszinierenden Fauna selbst ohne den Berg (McKinley) außergewöhnlich. »Ich bin im Regen über die blühenden, grünen Hänge gewandert, als der Nebel die Landschaft nach etwa hundert Metern verschluckte, und spürte, daß bereits der weiße Bergnelkenwurz, der lila Rhododendron und die zarten Heideglöckchen zu meinen Füßen uns für all unsere Mühen (den Park zu schützen) reich belohnten«. Der spektakuläre Park bietet mehr als 650 blühenden Pflanzenarten Heimat. Wegen der ungewöhnlich vielfältigen Fauna wird Denali oft »Yellowstone des Nordens« genannt. Grizzlys, Wölfe, Füchse, Dallschafe, Karibus, Elche, Schneegänse und Greifvögel bevölkern die Tundra und Taiga. Eine Staubstraße, die vom Parks Highway aus etwa 150 km in den Park bis zum Bergwerksstädtchen Kantishna führt, bietet einige der schönsten Möglichkeiten zur Tierbeobachtung in ganz Alaska. Zum Schutz der Tiere sind auf dieser Route nur Ausflugsbusse und Pendelbusse erlaubt. Die etwa 290 km lange Fahrt zum Wonder Lake am Fuß des Mt. McKinley dauert zwölf Stunden hin und zurück. Wer länger bleiben möchte, kann auf einem der vielen Campingplätze nahe der Straße nächtigen. Es gibt kaum Wanderwege, am besten folgt man den Bächen oder steigt einen Kamm hinauf.

Der Denali ist eine Herausforderung für Bergsteiger aus aller Welt. Für die meisten ist er das Lebensziel, für andere Vorbereitung auf den Himalaja. An schönen Tagen wirkt er aus der Ferne gar nicht so schwierig, doch die Besteigung und sichere Rückkehr erfordern jahrelange Erfahrung, monatelange Vorbereitung, wochenlanges hartes Training unter schwersten Bedingungen und viel Glück. Die Hälfte der Bergsteiger, die den Denali bezwingen wollen, werden von der Höhe, von Frostbeulen und dem Wetter daran gehindert. Selbst im Sommer fallen die Temperaturen auf dem Berg bis auf -35 °C. Bei einer Windgeschwindigkeit von oft mehr als 80 km/h beträgt der Windchill-Faktor normalerweise zwischen -45 C° und -56 °C. Da die Erdatmosphäre in Polnähe dünner wird, herrscht auf dem Gipfel des Denali ein Sauerstoffgehalt, der dem des beträchtlich höheren Himalajagipfels entspricht. Einige Berichte über die Besteigung des Denali gehören zu den Klassikern der Bergsteigerliteratur. Während seiner 16.000 km langen Reisen mit dem Hundeschlitten als Erzdiakon der episkopalen Gemeinden Alaskas stellte Hudson Stuck fest, daß er lieber »diesen Berg bezwingen würde als die größte Goldmine Alaskas zu finden«. Stuck gehörte 1913 zur ersten Gruppe, die den Berg bezwang, und beschrieb den Blick vom Gipfel. »Unendlich viele Gebirgskämme, wohin man auch blickte, bis grauer Himmel, grauer Stein und graues Meer schließlich in weiter Ferne miteinander verschmolzen.« In seinem ganzen Leben, schrieb er, habe es keinen anderen Tag gegeben, »der so erschöpfend, anstrengend und mühsam war und dabei so voller Glück und tiefster Dankbarkeit«.

– Mike Macy –

Mount Foraker, Alaska Range

Mount McKinley und Reflection Lake in sommerlichem Abendlicht

Mount McKinley

Blick von oberhalb des Polychrome Passes auf Tundra und Berge

Im Gebiet des Thorofare River erhebt sich die Alaska >>>
Range hoch über die herbstliche Tundra.

Kenai Fjords

NACHDEM DER ZEITUNGSMAGNAT HENRY GANNETT 1899 die heutigen Kenai Fjords gesehen hatte, schrieb er: »Die Küste Alaskas wird zum Schaustück der Erde werden, und Pilger, nicht nur aus den Vereinigten Staaten, sondern von weit her jenseits der Meere, werden in endlosen Prozessionen herbeiströmen, um sie zu sehen.« Die Besucherströme sind zwar nicht endlos, doch ansonsten behielt Gannett Recht. Die Zahl der Besucher von Kenai Fjords steigt schneller als in jedem anderen Nationalpark Alaskas. Es gibt drei Gründe für die ausgesprochene Beliebtheit von Kenai Fjords: Landschaft, Fauna und Erreichbarkeit. Fjorde sind lange, schmale, von Gletschern ins Land geschnittene Meeresbuchten zwischen steilen Felswänden. Die Fjorde von Kenai sind beispielhaft, selten breiter als einige km, bis zu 37 km lang, über 300 m tief und gesäumt von mehr als über 1.000 m hohen schnee- und gletscherbedeckten Bergen. Kenai Fjords besitzt eine für Alaska überaus reiche Meer- und Landfauna und ist nur 200 km von Anchorage, der größten Stadt Alaskas, entfernt.

Der Park liegt auf der Ostseite der Kenai-Halbinsel, etwa 160 km westlich der Grenze zwischen zwei tektonischen Platten. Die Pazifische Platte bewegt sich langsam nach Nordwesten und taucht unter die Alaska-Platte, pro Jahrzehnt mehrere Zentimeter, was die Landschaft von Kenai Fjords prägt. Während die Pazifische Platte sinkt, zieht sie den äußersten Rand der Alaska-Platte und somit die Ostseite der Kenai-Halbinsel mit sich nach unten. Der Vorgang vollzieht sich nicht nur kontinuierlich – mit bestimmten Durchschnittswerten pro Jahrzehnt –, sondern manchmal auch kataklysmisch – während des schweren Erdbebens in Alaska 1964 sanken die Kenai-Fjorde in wenigen Sekunden um 2 m.

Auch Gletscher spielen nach wie vor eine wichtige Rolle bei der Formung der Landschaft. Zwischen 1910 und 1950 entstand durch den Rückzug des Nordwestgletschers eine neue Lagune von mehr als 14 km Länge. Das nahezu 800 km² große Harding Icefield bedeckt den nordöstlichen Teil der Kenai-Halbinsel mit einer Eisschicht, die fast 2 m dick ist. Harding Icefield und die angrenzenden Eisfelder speisen sieben große Gletscher, die in den Golf von Alaska kalben oder einige Kilometer davor enden. Diese Gletscher und ihre Vorläufer haben sechs große Fjorde in die Küste geschnitten, etwa den 37 km langen McCarthy Fjord, und am östlichen Rand der Halbinsel viele kleine Buchten geschaffen. Einige Buchten waren ursprünglich Kars, nischenartige, von steilen Wänden umgebene Becken, die alpine Gletscher hunderte oder sogar tausende Meter über dem Meeresspiegel ausgeschliffen hatten. Inzwischen sind sie gesunken und zum Lebensraum von Fischen und Meeressäugern geworden. Die Kombination von jüngerer Vergletscherung und aktiver Absenkung der Erdkruste hat eine Landschaft aus extrem steilen, oft abgerundeten Halbinseln und ovalen Inseln entstehen lassen, die unablässig dem starken Wellengang aus weit entfernten Ecken des Pazifik ausgesetzt sind. Flachland und Strände sind selten.

Auch die Fauna des Parks ist äußerst eindrucksvoll. Schneeziegen klettern mit unglaublicher Trittsicherheit in den schroffen Felsen umher. Zahlreiche Klippen bieten auffallend bunten Papageientauchern, Lummen, Austernfischern, Alken, Kragenenten, verschiedenen Möwenarten und Seeschwalben eine Heimat. Auch Buckel-, Finn- und Grauwale, Seehunde, Seelöwen, Tümmler, Elche, Braun- und Schwarzbären sind häufig anzutreffen. Die sonst so scheuen Seeotter spielen und schlafen in Kenai Fjords oft vor den Augen der Touristen.

Kenai Fjords, mit etwa 2.300 km² der kleinste Nationalpark Alaskas, wurde im Dezember 1980 gegründet. Wegen des steilen Terrains und der fehlenden Wege gibt es kaum Wandermöglichkeiten. Daher erleben die meisten der 250.000 Besucher pro Jahr den Park vom Schiff oder Charterboot aus (ab Seward). Für erfahrene Kajakfahrer und Bergsteiger ist Kenai Fjords ein Paradies.

– Mike Macy –

UNTEN LINKS: **Eis, das vom Orgive Glacier abgebrochen ist, treibt in der Northwestern Lagoon.**

UNTEN: **Rauch quillt aus dem Vulkan Mount Redoubt, und der Sonnenuntergang legt Cook Inlet in sanftes Licht.**

RECHTE SEITE: **Exit Glacier, Kenai Fjords**

Lake Clark

IM LAKE CLARK NATIONAL PARK PRÄSENTIERT SICH Alaska in seiner ganzen Naturschönheit. John Kauffman, ein Kämpfer für den Schutz der Region, schrieb: »Hier gibt es alle Wunder, die Alaska zu bieten hat – Gletscher, Vulkane, schroffe Gebirge, ungezähmte Flüsse, Seen voller Äschen. Stellen Sie sich die von unzähligen Seevögeln umschwirrten Küsten vor, dazu dichte Wälder und weite Tundra, Karibuherden und mächtige umherstreifende Bären. Und dann stellen Sie sich vor, all das und mehr wäre in einem einzigen Prozent des Staates konzentriert – genau das ist die Lake-Clark-Region, Alaska pur.«

Der etwa 16.400 km² große Lake Clark National Park and Preserve wurde 1980 gegründet und liegt größenmäßig in der Mitte zwischen Connecticut und New Jersey. Neben den von John Kauffman beschriebenen Attraktionen wurde der Park auch ins Leben gerufen, um das Quellgebiet des Kvichak River zu schützen, das größte Verbreitungsgebiet des Rotlachses in Alaska. Jeden Sommer versorgen Hunderte bis Tausende der laichenden Fische die wildlebenden Tiere und die wenigen menschlichen Bewohner des Parks mit Proteinen und Energie.

Lake Clark, fast 80 km lang und bei weitem der größte See im Westteil des Parks, liegt etwa 160 km südwestlich von Anchorage. Seit prähistorischer Zeit gehörten der See und der dort mündende Tlikakila River zu den wichtigsten Handelsrouten zwischen Bristol Bay und Cook Inlet. Doch nachdem die Dean'ina-Athabasken-Indianer jahrhundertelang in der Region gelebt hatten, begannen sie vor etwa 100 Jahren, kurz vor der Ankunft der ersten Trapper und Goldsucher, flußabwärts in die Dörfer Iliamna und Nondalton zu ziehen.

Zwei der größten und wichtigsten Gebirge Alaskas, die Alaskan und die Aleutian Range, treffen im Park aufeinander. Zwischen ihnen erheben sich im Herzen des Parks die Chigmit Mountains mit ihren zerklüfteten Gipfeln. Die aktive Bergformung und Vergletscherung resultiert aus der Kollision zweier tektonischer Platten, der Pazifischen und der Alaska-Platte, mehr als 240 km östlich. Der Park befindet sich an einer gefährlichen Stelle auf dem Pazifischen Feuerring, wo der Rand der sich nach Nordwesten bewegenden Pazifischen Platte unter die Alaska-Platte taucht. Hier liegen auch die beiden aktiven Vulkane des Parks, Mount Redoubt und Mount Iliamna. Der Redoubt brach zuletzt 1966 aus, der Iliamna eruptierte während der letzten 330 Jahre mindestens sechsmal. Die beiden stark vergletscherten Dreitausender erheben sich hoch über Cook Inlet, wobei der Iliamna nur 16 km landeinwärts liegt. Obwohl die meisten Gletscher, die Seen und Täler in den Park geschnitten haben, sich deutlich zurückgezogen haben, sind einige immer noch mehr als 15 km lang.

Der Park vereint verschiedene Ökosysteme, von Küstenwäldern und Feuchtgebieten bis zu Küstengebirgen und Binnenwäldern. Tundrische Tidebecken, Meeresbuchten und Landzungen am Cook Inlet bieten Küsten-, Wasser- und Meeresvögeln eine Heimat. Killerwale und weiße Belugawale ziehen an der Küste vorbei. Jüngst ist die Mulchatna Karibuherde, die im westlichen Parkteil lebt, auf 300.000 Tiere angewachsen und damit die zweitgrößte des Staates. Außerdem leben im Park Wölfe, Vielfraße, Dallschafe, Elche und Biber.

Das Gebiet wird jährlich nur von 12.000 Personen besucht. Fast alle kommen im Sommer und fliegen meist Port Alsworth im Zentrum des Parks an, entweder mit Pendelflugzeugen oder Flugtaxis von Anchorage, Kenai, Homer oder Iliamna. Port Alsworth lockt mit Unterkünften und Führungen. Die drei National Wild and Scenic Rivers sind bei Rafting-Fans sehr beliebt. Wandern ist schwierig, da es nur wenige Wege gibt und das Gelände durch die vielen Flüsse und steilen Berghänge unwegsam ist. Der Park ist ein Paradies für Angler – besonders beliebt sind Rotlachs, Regenbogen- und Seeforelle –, doch manchmal muß man sich die besten Plätze mit Braunbären teilen. Der ehemalige Führer Bob Waldrop erklärte in den 1970er Jahren: »In Lake Clark findet man Spuren fast aller Teile Alaskas. Brooks Range und andere Naturparadiese Alaskas sind kunstvolle Romane, Lake Clark ist ein Gedicht.« Was Alaska betrifft, mag Waldrops Definition zutreffen, doch ansonsten könnte man Lake Clark National Park and Preserve mit Fug und Recht als Epos bezeichnen.

– Mike Macy –

Herbststimmung mit Regenbogen über Weißfichten, Weiden und Zwergbirken am Ufer des Lower Twin Lake

Blick auf den östlichen Teil >>> des Upper Twin Lake vom Gipfel des Falls Mountain

Gates of the Arctic

»NICHTS, WAS ICH JE GESEHEN HABE ..., HAT MIR EIN derartiges Gefühl von Größe gegeben wie dieser jungfräuliche See, der in einer riesigen Spalte der Erdoberfläche ruhte, umgeben von mächtigen Gebirgen und Wasserfällen, die aus unsichtbaren Höhen herabstürzten .... man sah, hörte, roch oder spürte nichts, das auch nur entfernt auf die Anwesenheit von Menschen und deren Werke schließen ließ. Es schien, als sei die Zeit vor einer Million Jahre stehengeblieben, als hätte man uns in die Urzeit zurückversetzt. Es war, als hätte man ein menschenleeres Universum entdeckt, in dem nur die Naturgesetze galten.« Bob Marshall, der die urtümliche Schönheit der Central Brooks Range 1956 in seinem Buch »Alaska Wilderness« schilderte, verbrachte zwischen 1929 und 1939 den größten Teil der Zeit damit, Alaskas nördlichstes Gebirge zu erforschen und mit den dortigen Goldsuchern und Indianern Kontakt aufzunehmen. Der Name des Parks geht auf Marshalls Bezeichnung für den North Fork Koyokuk zurück, der aus der 24 km stromaufwärts gelegenen baumlosen arktischen Tundra in einem engen Korridor durch die zentrale Brooks Range fließt. Der Park wurde 1980 gegründet und 1984 zum Biosphärenreservat ernannt. Er ist 34.284 km² groß und umschließt die Oberläufe von sechs Flüssen, die alle zu den National Wild und Scenic Rivers zählen.

Brooks Range, der nördlichste Ausläufer der Rocky Mountains, mißt von Ost nach West 800 km und trennt das Innere Alaskas von der North Slope. Der Park umfaßt den zentralen Teil des Gebirges und bietet anschauliche Zeugnisse für eine der jüngsten Vergletscherungen, auch wenn heute dort kaum mehr Gletscher existieren. Das Gebiet liegt zwar nördlich des Polarkreises, doch trotz der langen strengen Winter gibt es aufgrund des trockenen Klimas – der Niederschlag beträgt nur ca. 25 cm im Jahr, also weniger als in San Diego – nur noch ganz wenige alpine Gletscher.

Ein Teil des Lebensraums der westarktischen Karibu-Herde, derzeit mit 400.000 Tieren Alaskas größte, liegt im Park. Wölfe, Vielfraße, Füchse, Schwarzbären, Grizzlys, Elche und Dallschafe sind ebenfalls anzutreffen, was zum Teil auf die karge Vegetation zurückzuführen ist. In den Tälern an den Südhängen des Gebirges dominieren Weiß- und Schwarzfichten, Pappeln, Espen und Weiden. Im Norden findet man außer einigen Pappeln höchstens buschartige Erlen und Weiden an Flußufern und Wasserrinnen. Jeden Sommer treffen etwa 100 Vogelarten aus Europa, Asien und aus allen Teilen Amerikas ein und gesellen sich zu den etwa 20 einheimischen Vogelarten, um im Park zu nisten.

Es gibt keine Besuchereinrichtungen im Park, der jährlich nur etwa 3.000 Menschen anlockt. Man kommt zu Fuß oder per Flugtaxi, nachdem man mit dem Flugzeug in Bettles oder Anaktuvuk Pass gelandet ist oder mit dem Wagen auf dem Dalton Highway nach Wiseman (400 km nördlich von Fairbanks) gefahren ist. Da es keine Wege gibt, sind lange Wanderungen sehr anstrengend, auch wenn die Tundra und die Schotterbänke des Parks zu den besten Routen für Rucksacktouristen gehören. Die Granittürme der Arriegetch Peaks im Südwesten sind eine Herausforderung für Bergsteiger. Es gibt ein großes Angebot an kurzen und langen Flußfahrten. Nördlich geht es durch die karge Tundra zum Beaufort Meer, westlich durch Wälder und Tundra zum Chuckchi Meer, südlich in das stark bewaldete Becken des Yukon River. Die meisten Besucher kommen im Juni, Juli und August, doch auch der Winter hat seinen Zauber: in Pastell getauchte Landschaften, Flußeis, das sich zu 3 m hohen diamantartigen Kuppeln formt, und geheimnisvolle Geräusche – das Knacken der Bäume, die leisen Stimmen der unzähligen Schneehühner, die sich auf den Wiesen unterhalten, oder das Heulen der Wölfe – sind in der eisigen Kälte meilenweit zu hören. Langstreckenlaufen und Ausflüge mit dem Hundeschlitten sind Anfang April am schönsten. Besucher, die den Park in tiefer Einsamkeit erleben wollen, sollten sich ein wenig Zeit für die Teile nehmen, die abseits der beliebtesten Gebiete liegen, etwa die Gates selbst und die Arrigetch.

– Mike Macy –

Zwei Ansichten von Matcharak Kale in der Natak-River-Region des Nationalparks Gates of the Arctic

Katmai

KATMAI NATIONAL PARK AND RESERVE BLICKT AUF EINE dramatische Entstehungsgeschichte zurück. Im Juni 1912 brach der Novarupta an der Flanke des Mount Katmai aus. Die Eruption zählt zu den vier größten Vulkanausbrüchen der jüngeren Geschichte. Der Katmai spie fast doppelt soviel Asche und Schlacken wie 1883 der todbringende Krakatau und verdunkelte den Himmel über einem Großteil der nördlichen Hemisphäre. Zwei Tage lang fiel so viel Asche auf die 160 km östlich gelegene Stadt Kodiak, daß man kaum einen Meter weit sehen konnte. Zum Glück war die Gegend um Katmai unbesiedelt, denn der Ausbruch, der etwa zehnmal so stark war wie der des Mount St. Helens 1980, hinterließ Unmengen von Asche. Sie bedeckte mehr als 100 km^2 um den Vulkan und war bis zu 20 m hoch. In den letzten 4.000 Jahren hinterließ nur ein Vulkanausbruch – die Eruption des Santorini 1.500 v. Chr. in Griechenland – mehr vulkanisches Material.

Erst 1916 beschäftigte sich eine Expedition der National Geographic Society mit den Folgen der Eruption. Robert Griggs, der Leiter, beschrieb die Aschenflut des Mount Katmai in jenem Jahr: »Das gesamte Tal, soweit das Auge reicht, war von Hunderten, nein, Tausenden oder Zehntausenden Rauchsäulen erfüllt, die aus dem geborstenen Boden quollen.« Obwohl seit der Eruption vier Jahre und drei eisige Winter vergangen waren, zählte man 1.000 Öffnungen, aus denen der Dampf immer noch 150 m hoch aufstieg, bei einigen waren die Dampf- und Rauchsäulen sogar noch höher als 300 m. »Unsere Bewunderung verwandelte sich sehr schnell in tiefe Ehrfurcht«, erinnerte sich Griggs 1917. »Wir waren tief beeindruckt. Eine Zeitlang konnten wir weder klar denken noch handeln. Der Anblick erfüllte uns mit Angst und Ehrfurcht.«

Griggs taufte die Gegend »Valley of the Ten Thousand Smokes«, Tal der zehntausend Rauchsäulen, und setzte sich für den Schutz der Region ein. 1918 wurde die geologische Mondlandschaft zum Naturdenkmal erklärt. 1980 wurde Katmai erweitert und zum National Park and Preserve erklärt, unter anderem wollte man auf diese Weise die Laichgebiete der Rotlachse im Nadnek River schützen, die zu den wichtigsten Fischgründen Alaskas zählen. Der 16.500 km^2 große Park ist so groß wie der Staat New Jersey und liegt auf der Halbinsel Alaska etwa 480 km südwestlich von Anchorage. Bis heute gehört das Valley of the 10.000 Smokes zu den Hauptattraktionen für die 55.000 Besucher, die jedes Jahr nach Katmai kommen. Einige Rauchsäulen sind inzwischen verschwunden, doch immer noch könnte jederzeit einer der 15 aktiven Vulkane des Parks mit Getöse zum Leben erwachen.

Eine andere Attraktion, die immer wieder lautstark auf sich aufmerksam macht, sind die im Park lebenden Braunbären. Sie wiegen bis zu 900 Pfund und sind die größten an Land lebenden Raubtiere der Erde. Viele von ihnen verbringen einen Großteil der Monate Juli und August mit der Jagd nach Rotlachsen am weltberühmten Brooks River zwischen Brooks und Naknek Lakes – oft in unmittelbarer Nähe ihrer menschlichen Konkurrenten. Von einer erhöhten Plattform aus kann man sie hervorragend beobachten. Katmai ist zwar vor allem wegen der Bären berühmt, doch man findet auch Elche, Karibus und Wölfe. An den zahlreichen Seen tummeln sich Schwäne, Gänse, Enten, Küsten- und Seevögel, unter anderem auch die Küstenseeschwalbe, die jedes Jahr mehr als 32.000 km zwischen Alaska und der Antarktis zurücklegt.

Täglich gibt es mehrere Flugverbindungen zwischen Anchorage und King Salmon, von wo aus man mit dem Boot oder Floß sehr schnell nach Brooks Camp gelangt, dem beliebtesten Ziel im Park. Eine 37 km lange Straße führt von Brooks Camp zum Valley of the 10.000 Smokes, und Wasserflugzeuge fliegen die anderen Seen an. Da sich die Besucher vorwiegend auf Brooks Camp und die angrenzenden Seen konzentrieren, bietet Katmai viele Möglichkeiten, die einsame Landschaft zu genießen, besonders entlang der wilden Küstenregionen, wie etwa an der Shelikof Strait. Aufgrund der Lage zwischen Bristol Bay und dem Golf von Alaska sollten Besucher jedoch stets auf Hochwinde und feuchtes Wetter vorbereitet sein.

– Mike Macy –

Braunbären und Möwen beim Lachsfischen nahe Brooks Falls

Der Panoramablick auf das Valley of 10.000 Smokes zeigt
die Wirkung eines der heftigsten bekannten Vulkanausbrüche,
der diese Landschaft im Juni 1912 völlig veränderte.

Kobuk Valley

DIE MEISTEN MENSCHEN ASSOZIIEREN MIT WILDRESERvaten unberührte Natur. Doch obwohl Noatak River Preserve, Cape Krusenstern National Preserve und Kobuk Valley National Park einige der ursprünglichsten Landschaften Alaskas vorweisen können, wurden die drei Gebiete im Nordwesten Alaskas seit 5.000 Jahren fast kontinuierlich besiedelt. Alle drei stellte man im Rahmen des Alaska National Interest Land Conservation Act von 1980 unter Schutz. Sie sind insgesamt 36.500 km^2 groß, fast die Fläche von New Hampshire und Vermont zusammen. Im Osten stößt die Noatak National Preserve an den Gates of the Arctic National Park, der daraus resultierende, mehr als 7 Millionen ha große Komplex, ist größer als West Virginia. Der Zugang zu dieser unerschlossenen Wildnis erfolgt vorwiegend mit dem Flugzeug. Es gibt weder ganzjährig besetzte Rangerstationen noch Besuchereinrichtungen, Straßen oder Wanderwege. Die drei Gebiete werden jährlich von etwa 12.000 Menschen besucht.

Kobuk National Park besitzt ein Naturphänomen, das man normalerweise nicht in Alaska vermuten würde: eine Wüste. Die Great Kobuk Sand Dunes, das größte der drei Dünenfelder im Park, erstreckt sich über ca. 65 km^2. Die Dünen entstanden vor mindestens 33.000 Jahren, als der Sand von den Gletschern in die Brooks Range und ihre Sandebenen geweht wurde. Es gibt unterschiedliche Dünen, selbst die halbmondförmigen Barchane, die man normalerweise mit den trockensten Regionen der Erde verbindet. Während der letzten Eiszeit war das Kobuk-Tal nicht vergletschert, dafür aber die umliegenden Berge. Die trockene arktische Steppe war ideal für grasende Landtiere und Jäger, deren Vorfahren ihre Jagdtechniken in den Steppen Asiens perfektioniert hatten. Archäologische Ausgrabungen bei Onion Portage zeigen, daß seit 12.000 Jahren Menschen in der Kobuk-Region leben. Sie gehört damit zu den am frühesten besiedelten Orten Amerikas. Sand und Permafrostufer am Kobuk River enthalten Fossilien von Eiszeitpferden, Antilopen, Bisons und Mammuts. Als sich das Klima vor etwa 9.000 Jahren veränderte, begannen die Wälder in das Grasland vorzudringen, was sich für Elche und Karibus als günstig erwies. Heute liegt ein Teil des Verbreitungsgebietes der westarktischen Karibuherde, mit 400.000 Tieren momentan die größte Alaskas, in Noatak Preserve und Kobuk Valley.

Cape Krusenstern National Preserve, der westlichste der drei Parks, stößt an das Chukchi-Meer und den Kotzebue Sound. Seit 4.000 Jahren haben Stürme dem Strand vor dem niedrig liegenden Kap alle 50 bis 75 Jahre einen weiteren Schotterwall hinzugefügt. Eskimos verlegten daraufhin ihre Siedlungen einige Meter seewärts und hinterließen jedesmal Spuren in Form von Artefakten. Heute dokumentieren die 114 unterschiedlichen Strandwälle fast lückenlos die kulturelle Entwicklung Nordwest-Alaskas und haben einen eindrucksvollen anthropologischen Schatz bewahrt.

Noatak National Preserve, etwa 32 km östlich von Cape Krusenstern gelegen, schützt die oberen 560 km des Noatak River, der das größte berggesäumte Drainagegebiet eines Flusses in den USA besitzt. Er wurde 1976 zum Biosphärenreservat erklärt. S. B. McLenegan, ein Maschinist auf der Corwin, einem US Revenue Steamer der Küstenwache, gehörte 1885 zu den ersten amerikanischen Besuchern von Noatak. Er nannte es »die trostloseste Landschaft, die man sich überhaupt vorstellen kann«, doch der erste Eindruck täuscht oft. Im Tal findet man die baumlose Tundra, die man jenseits der westlichen Baumgrenze erwarten würde, doch im oberen Teil von Noatak gibt es Binnenwälder mit Schwarzfichten, Weißfichten, Birken, Espen und Pappeln. Neuere Studien lassen darauf schließen, daß im Noatak-Drainagegebiet 500 Arten von höheren Pflanzen vorkommen, die wohl größte Vielfalt von Pflanzenarten im Hohen Norden überhaupt. Auch wenn Noatak, was soviel bedeutet wie »Weg ins Innere«, noch so einsam erscheint, leben hier seit tausenden Jahren Menschen. Wenn man das harte Klima und das Fehlen von Baumaterial und Brennstoff bedenkt, zeugt diese Tatsache eindrucksvoll von den technologischen Fertigkeiten der sogenannte »primitiven« Völker.

– Mike Macy –

Karibuspuren in den Great Kobuk Sand Dunes

RECHTE SEITE: **Sonnenaufgang über dem Kobuk River bei Onion Portage >>>**

Channel Islands

DER PORTUGIESISCHE ENTDECKER JOAO RODRIGUES Cabrilho war 1542 der erste Europäer, der die Channel Islands, eine Gruppe von acht Inseln an der südkalifornischen Küste, zu Gesicht bekam. Nachdem er bis Monterey Bay nach Norden gefahren war, kehrte Cabrilho mit seiner Flotte, zwei kleinen, leckgeschlagenen Schiffen, nach San Miguel auf den Channel Islands zurück. Dort starb der Pionier unter den Seefahrern an Wundbrand, ausgelöst durch einen gebrochenen Arm.

An der Pazifikküste zwischen der Straße von San Juan de Fuca und der San Diego Bay sind Inseln selten. Außer den Channel Islands gibt es an der gesamten Küste nur noch eine weitere Inselgruppe. Die Channel Islands liegen 18 bis 65 km vom Festland entfernt, doch obwohl man sie an klaren Tagen von der überlaufenen Küste aus sehen kann, sind sie im Grunde Welten entfernt. Das Hochland, die geschützten Täler, die Strände und küstennahen Gewässer sind voller Leben, angefangen bei Blauwalen, den größten Säugetieren der Erde, bis hin zum winzigen Inselmohn, der sonst nirgendwo wächst.

1980 wurden die fünf nördlichen Inseln Anacapa, Santa Cruz, Santa Rosa, San Miguel und Santa Barbara zum Channel Island National Park erklärt, dem 40. Park der USA. Nur die Hälfte des gut 1.000 km^2 großen Nationalparks ist Festland, der Rest befindet sich unter Wasser und umfaßt auch ein Meeresschutzgebiet von fast einer Seemeile um jede Insel.

Die Unterwasserwelt birgt einen ganz besonderen Schatz der Channel Islands: riesige Algenwälder aus Blasentang, dessen schlanke, blätterbedeckte Stengel 45 bis 60 m vom Meeresboden hinauf bis zur Wasseroberfläche wachsen. Die Pflanzen wiegen sich langsam mit den Wellen und stehen tropischen Wäldern in Vielfalt und Fruchtbarkeit in nichts nach. Sie sind nicht nur für mehr als 750 Arten von Fischen und Wirbellosen, sondern auch für viele Säugetiere und Seevögel Heimat, Futtergrund oder Versammlungsort. Seeotter beispielsweise sind auf die riesigen Algen angewiesen, weil sie ihnen Schutz, Nahrung und eine Kinderstube für ihre Jungen bieten. Die Otter wiederum halten die Seeigel in Zaum, die ungestört ganze Bestände der Riesenalgen zerstören würden.

Im Winter und Frühjahr kommen Tausende See-Elefanten, kalifornische Seelöwen, Seehunde und andere Flossenfüßer an Land und bevölkern die sonst so stillen Strände der Channel Islands. Die massigen Tiere stimmen eine ohrenbetäubende Kakophonie aus Bellen und Brüllen an, während sich die Bullen auf die Kühe stürzen und die Paarung vollziehen. Sechs Arten hat man bei Point Bennett auf San Miguel beobachtet, was den Ort zum Brutplatz mit den meisten Flossenfüßerarten der Welt macht.

Eine ungewöhnlich große Zahl von endemischen Lebewesen – Tier- und Pflanzenarten, die es sonst nirgendwo auf der Welt gibt – bevölkert die Channel Islands. Vor 10 bis 15 Millionen Jahren waren die Inseln noch mit dem mexikanischen Festland verbunden. Während der folgenden Jahrtausende schoben die Bewegungen an der San-Andreas-Spalte die Inseln Hunderte von Kilometern nach Nordwesten bis zu ihrer heutigen Lage. Durch die Isolation vom Festland während der langen »Reise« haben sich auf den Inseln einzigartige Pflanzen und Tiere entwikkelt. 65 Pflanzenarten gibt es nur auf diesen Inseln, unter anderem eine Eiche, die nur Strauchgröße erreicht, und das Riesenmädchenauge - eine Verwandte der Familie der Sonnenblumen, die so groß ist wie ein kleiner Baum. Zu den endemischen Tieren gehört ein katzengroßer Fuchs, ein Inselhäher und das inzwischen ausgestorbene Zwergmammut.

Werkzeuge, die Überreste getöteter Mammuts und Feuerstellen bezeugen, daß die Channel Islands möglicherweise seit 40.000 Jahren von Menschen bewohnt werden. Als Cabrilho die Inseln entdeckte, lebten auf den größeren Inseln mehrere Tausend Chumash- und Gabrieleno-Indianer. Seitdem gibt es auf den Inseln Schaf-, Vieh- und Ziegenranches, Weinberge, Olivenhaine, Filmgesellschaften, Stützpunkte der US Navy und Leuchttürme der Küstenwache, was zu ernsten Beeinträchtigungen der einheimischen Flora und Fauna geführt hat.

Die Channel Islands können nur mit dem Boot erreicht werden. Die vielseitigsten Touren werden von den Konzessionsinhabern der Nationalparks in Ventura Harbor angeboten, wo sich das Hauptquartier befindet, und können mehrere Stunden bis einen Tag dauern. Besucher, die sich die Mühe machen, diese abgelegenen Regionen zu besuchen, werden reichlich entschädigt – durch faszinierende Algenwälder, vorüberziehende Wale, bellende Flossenfüßer und blühende Wildpflanzen –, Erinnerungen an die wunderbare Vielfalt, die einst die Küste Südkaliforniens prägte.

– Susan J. Tweit –

Die letzten Pferde wurden 1998 von Santa Cruz Island geholt, als die Parkverwaltung versuchte, das natürliche Ökosystem wiederherzustellen. Im Hintergrund sieht man Anacapa Island.

Ganz oben: **Felsküste an der Nordseite von Santa Barbara Island**

Oben: **Seehunde tummeln sich in der geschützten Unterwasserwelt vor Santa Barbara Island.**

Rechts: **Anacapa Island**

Death Valley

DAS »TAL DES TODES« VERDANKT SEINEN NAMEN EINER Goldgräbergruppe, die dort drei Mitglieder und 28 ihrer 29 Planwagen verlor, als sie im Dezember 1849 eine Abkürzung durch das 192 km breite Wüstenbecken nahm. In den 1920er Jahren machte das Aufkommen des Automobils die Reise durch die heiße, unwirtliche Gegend weit weniger gefährlich, und Touristen begannen, sich für die Region zu interessieren. 1933 wurde ein Teil von Death Valley zum Naturdenkmal erklärt. 1994 erweiterte der California Desert Protection Act, ein Gesetz zum Schutz der Wüste, das Gebiet auf 13.550 km² und erklärte es zum Nationalpark.

Death Valley ist eine wahre Bilderbuchwüste: wild, bedrohlich und geradezu unglaublich trocken und heiß. Die Höhenunterschiede im Park variieren zwischen 86 m unter dem Meeresspiegel - dem tiefsten Punkt der westlichen Hemisphäre, ein kleines Stück westlich von Badwater - bis zum 3.454 m hohen Telescope Peak in den Panamint Mountains. Diese extremen Gegensätze entstanden, als Bewegungen der tektonischen Platten die Erdkruste unter der Region dehnten, auf der sich heute Death Valley befindet. Während dieser Dehnung bildeten sich an mehreren Stellen Risse, durch die einige Gebiete nach unten sanken, während andere gekippt und verschoben wurden. Das Becken, das wir Death Valley nennen, sank besonders tief. Geologen glauben sogar, das der eigentliche Grund 2.400 bis 2.700 m unter der heutigen Oberfläche liegt, tief unter dem Geröll begraben, das der Amargosa River und die anderen Flüsse, die in dieses geschlossene Becken fließen, mit sich trugen.

Im Regenschatten der massiven Sierra Nevada gelegen und umgeben von den tiefsten Senken des Kontinents, beträgt der Niederschlag in Death Valley jährlich nur 4,5 cm. Dafür herrschen die höchsten Temperaturen der westlichen Hemisphäre: 56 °C, gemessen am 10. Juli 1913 bei Furnace Creek. Die Bodentemperatur erreicht im Sommer regelmäßig 92 °C, daher gaben die Shoshonen dem Tal den Namen Tomesha oder »Feuerboden«. Daß Pflanzen und Tiere unter diesen Extrembedingungen überhaupt überleben können, grenzt an ein Wunder. Die wohl erstaunlichsten wildlebenden Bewohner von Death Valley sind kleine, rundliche Wüstenfische. Sie kommen nur in den Quellen und Flüssen dieser Region vor und sind echte Wüstenbewohner, sie können sogar in Wasser leben, das 44,5 °C heiß und fünfmal so salzig ist wie das Meer und so niedrige Sauerstoffwerte besitzt, daß andere Kiemenfische dort nicht existieren könnten.

Trotz des grausamen Klimas und der extremen Trockenheit leben seit 9.000 Jahren Menschen in Death Valley. Doch erst gegen Ende des 19. Jahrhunderts, als Goldsucher in den schwarzen Bergen ihr Glück suchten, begann das Interesse an dieser Region zuzunehmen. Silber- und Goldfunde in den Bergen um Death Valley führten zur Gründung von reichen, aber kurzlebigen Städtchen wie Panamint City, Chloride City, Skidoo, Harrisburg und Rhyolite. Doch Death Valley wurde durch ein ganz anderes Mineral berühmt, nämlich Borax. 1883 schafften die Harmony Borax Works auf riesigen Planwagen, die von einem 30 m langen Gespann aus 20 Mulis gezogen wurden, 12 Millionen Tonnen Borax aus dem Tal. Ein junger Mann namens Stewart T. Mather, der als Publizist für die Boraxindustrie arbeitete, wurde später zum ersten Direktor des National Park Service ernannt und war für den Schutz der Region verantwortlich.

Inzwischen können Besucher das Tal innerhalb weniger Stunden durchqueren. Doch die Landschaft, die von der Schriftstellerin Mary Austin 1903 in ihrem Kalifornien-Buch »The Land of Little Rain« als »das einsamste Land aus Gottes Hand« beschrieben wurde, erschließt sich erst, wenn man sich etwas mehr Zeit nimmt. Ein kleiner Spaziergang in der Nähe der Harmony-Borax-Werke nördlich vom Besucherzentrum bei Furnace Creek vermittelt einen Eindruck von den Strapazen, die Minenarbeiter in dieser unwirtlichen Landschaft erwarteten. Bei einem Besuch der Salzpfanne von Devil's Golf Course erkennt man, wie flach das Tal ist. Man kann sogar hören, wie sich das trockene Salz in der Hitze des Tages knackend ausdehnt. Beim Campen an den entlegenen Eureka Dunes kann man den sternenübersäten Himmel bewundern und dem Chor der wilden Kojoten lauschen. Wer auf den Telescope Peak steigt, findet dort uralte Grannenkiefern und hat einen atemberaubenden Blick auf das 3.500 m tiefer liegende Death Valley. Ein Besuch im Tal des Todes führt uns einmal mehr die erstaunliche Robustheit und Unverwüstlichkeit der Natur vor Augen.

– Susan J. Tweit –

LINKS: **Ein äußerst seltener Anblick: mit Rauhreif bedeckte Joshua Trees nach einem Schneesturm**

UNTEN: **Das Wüstenpanorama von Dante's View erstreckt sich über den tiefsten und höchsten Punkt des Parks von Badwater bis Telescope Peak.**

Salzablagerungen auf dem Talboden am Devil's Golf Course

Sanddünen, im Hintergrund die Grapevine Mountains

Telescope Peaks und Panamint Range spiegeln sich im Wasser von Badwater. >>>

Spiegelung des El Capitán im Merced River

Yosemite

»… ICH BIN GEBANNT UND WIE VERZAUBERT«, SCHRIEB DER Naturschützer John Muir 1869, als er seinen ersten Sommer in Yosemite verbracht hatte, »und morgen mache ich mich auf in den großen Tempel, um den Winterliedern und Predigten zu lauschen, die nur dort gesungen und gehalten werden.« Yosemite, der »große Tempel« John Muirs, wurde zu dessen Lebenswerk. Muir und Yosemite gehören untrennbar zusammen. Sein unermüdlicher Einsatz führte 1890 zur Gründung des Nationalparks, der 1906 durch das Yosemite Valley erweitert wurde. Muir führte zwei Präsidenten, 1913 Roosevelt und 1909 Taft, durch den Park. 1892 gründete er den Sierra Club und kämpfte gegen den Dammbau in Hetch Hetchy, ein Tal, das noch schöner als Yosemite Valley gewesen sein soll. Wenige Monate, nachdem er seinen Kampf verloren hatte und der Dammbau 1914 begonnen wurde, starb John Muir. Seine Visionen und sein Einsatz für den spirituellen Wert der Natur veränderten jedoch den Kern des Naturschutzes nachhaltig.

Der Yosemite National Park erstreckt sich über 3.000 km^2 an der Westseite der Sierra Nevada – von den Nußkiefer- und Eichenwäldern in 600 m Höhe bis zu den 3.000 bis 3.900 m hohen Granitgipfeln, die den Kamm von Muirs »Gebirge des Lichts« formen. Der fast runde Park umfaßt die Oberläufe zweier Flüsse, des Merced in Yosemite Valley und des Tuolumne aus dem inzwischen überfluteten Hetch Hetchy Valley, aber auch Gebirgsseen in nackten Felsbecken, saftige, mit Wildblumen übersäte Wiesen, einige der weltweit größten Wasserfälle sowie Haine mit riesigen, uralten Sequoias.

Abgesehen von den vielen Naturwundern Yosemites, sind die meisten Besucher vor allem von der Felsarchitektur fasziniert: die nackten Granitkuppeln, etwa des Half Dome, der kuppelförmig hoch über Yosemite Valley in den Himmel ragt, Monolithen wie der 1.200 m hohe El Capitán, die zerklüfteten Gipfel und glatt polierten Kare des Sierrakamms. Feuer und Eis haben die Landschaft geprägt. Die grau gesprenkelten Granitfelsen waren flüssige Magma, das nicht an der Erdoberfläche, sondern vor 200 bis 65 Millionen Jahren tief im Boden kristallisierte. Seit etwa 60 Millionen Jahren wurde die Erdkruste, die heute die Sierra Nevada bildet, mehr als 12 km hochgedrückt, alle 1.000 Jahre jeweils 18 cm. Dadurch, daß die darüberliegenden Felsen durch Erosion abgetragen wurden, brach der nun von dem ungeheuren Gewicht befreite Granit in einem regelmäßigen Muster auf.

In den letzten Jahrmillionen folgte das Eis in drei oder vier Schüben. Bis zu 1,6 km dicke Eiskappen bedeckten das Hochland und schnitten schüsselförmige Kare ins Gestein, polierten die Felsoberfläche und schickten knirschende Eisströme hinab, die bis zu 9.000 m tiefe Täler in die Landschaft fraßen. Wo kleinere Eisflüsse einmündeten, enden flache Seitentäler heute abrupt oben an den Steilwänden tieferer Täler. Aus diesen »hängenden Tälern« stürzen viele der berühmten Wasserfälle und Kaskaden, unter anderem Yosemite Falls, Bridalveil und Vernal. Yosemite Falls, der 739 m ins Yosemite-Tal hinabstürzt, ist der höchste Wasserfall Nordamerikas und der zweithöchste der Welt.

Der Nationalpark wird jährlich von vier Millionen Menschen besucht, doch die meisten dringen nicht weiter als bis zu den spektakulären Wasserfällen und den Felsmonolithen im Yosemite Valley vor. Die Staus in dem engen Tal, das nur ein Prozent der gesamten Parkfläche ausmacht, sind so gravierend, daß die Parkverwaltung auf einigen Straßen nur noch Busse erlaubt. Bald sollen Privatfahrzeuge im gesamten Tal verboten werden. Der im Winter gesperrte California Highway 120, die Tioga Road, führt von Ost nach West durch Yosemite, windet sich durch das spektakuläre Hochland des Parks und Tuolumne Meadows, und überquert sowohl den John Muir Trail als auch den Pacific Crest Trail. Das Gebiet um das Hetch Hetchy Reservoir im Norden des Parks ist der ruhigste und wildeste Teil Yosemites. Wer hier wandert, sollte genau hinhören – vielleicht hört er dann sogar John Muirs große Steintempel singen.

– Susan J. Tweit –

LINKS: **Eine Quelle am Matterhorn Crest**

UNTEN: **Sawtooth Crest in der Wildnis von Yosemite**

Oben: Half Dome und El Capitán, zwei der berühmtesten Felsformationen im Yosemite Valley, in der Dämmerung

<<< Linke seite: Nevada und Vernal Falls vom Panorama Trail am Glacier Point

Joshua Tree

JOSHUA TREE NATIONAL MONUMENT WURDE 1936 GEgründet, nachdem Minerva Hamilton Hoyt, eine prominente Bürgerin von Los Angeles, den Schutz der einzigartigen Pflanzenwelt dieser Felsenlandschaft an der Nahtstelle zwischen der Mojave- und Sonora-Wüste durchgesetzt hatte. Das Gebiet umfaßte zunächst 334.000 ha, wurde jedoch im Laufe der Zeit immer wieder verändert. 1950 etwa verkleinerte es der Kongreß im Interesse der Minengesellschaften um 107.000 ha. Als 1994 in Kalifornien ein Gesetz zum Schutz der Wüste verabschiedet wurde, fügte man wieder 95.000 ha hinzu, die Gesamtfläche betrug danach 321.000 ha oder 3.210 km² und wurde in Joshua Tree National Park umbenannt.

Joshua Trees verdanken angeblich ihren Namen den Mormonen, die Anfang des 19. Jahrhunderts durch die Mojave-Wüste zogen und glaubten, in den Zweigen der merkwürdig ge-formten Yuccapflanzen die ausgestreckten Arme des Propheten Josua zu erkennen, der ihnen den Weg ins Verheißene Land wies. Sie haben sehr viele Zweige, werden bis zu 11 m hoch und sind die höchsten Yuccas im Südwesten der USA. Sie können bis zu 1.000 Jahre alt werden und gehören zu den ältesten Pflanzen der Wüste.

Während die Saguaros die typischen Kakteen der Sonora-Wüste sind, gelten Joshua Trees als Wahrzeichen der Mojave-Wüste. Sie wachsen auf höhergelegenen Teilen dieser Wüste von Südkalifornien und Südnevada bis ins südwestliche Utah und nordwestliche Arizona.

Ebenso wie die Saguaros sind die Joshua Trees die größten Pflanzen ihres Lebensraumes. Die stämmigen Gewächse bieten vielen Tieren eine Heimat und Futterstelle oder dienen ihnen als Anflugstelle und Aussichtsplatz – vom Rotschwanzbussard bis zur Wüstenratte, aber auch der Yucca-Nachteidechse, die es nur dort gibt. Die winzigen dunkelgrauen Eidechsen verbringen ihr ganzes Leben verborgen unter den umgestürzten Stämmen toter Joshua Trees und ernähren sich von Termiten und Ameisen. Ihre größten Feinde sind Eulen und Klapperschlangen.

Der Joshua Tree National Park erstreckt sich über das gesamte Grenzgebiet zwischen den beiden Wüsten. Das dicht mit Joshua Trees bewachsene Hochland liegt in der Mojave-Wüste, während das niedrigere, trockenere Becken den westlichen Rand der Sonora-Wüste bildet. Beide sind unwirtliche, ausgedörrte Landschaften. Doch wenn es im Herbst oder Winter regnet, bringen sie im

Der Joshua Tree National Park bietet manche Herausforderung für erfahrene Kletterer.

Frühling eine unglaubliche Fülle an Leben hervor. Während der wenigen Wochen oder Monate, in denen der Boden feucht bleibt, bedecken einjährige Wildblumen den sonst nackten Boden. In der kurzen Zeit, bevor der Boden wieder austrocknet, nutzen diese Pflanzen die Feuchtigkeit und sprießen, wachsen, blühen und bilden Samen. Der explosionsartige Pflanzenreichtum bewirkt einen ebenso plötzlichen Tierreichtum. Costa's Kolibris bauen ihre Nester und ernähren sich von Nektar, vom Aussterben bedrohte Wüstenschildkröten erwachen und suchen nach Nahrung, Kröten graben sich nach oben, um sich zu paaren, Milliarden von Insekten schlüpfen.

Der Joshua Tree National Park liegt auf einem Teil der Erdkruste, die aufgrund von zwei Verwerfungen, der San-Andreas-Spalte im Süden und der kleineren Pinto-Mountain-Spalte im Norden, höher gelegen ist als die übrige Landschaft. Quellen, die aus den Rissen in der Erdkruste dringen, bewässerten einst unzählige Haine mit kalifornischen Fächerpalmen, der größten einheimischen Palmenart des kontinentalen Teils der Vereinigten Staaten, nach der auch Palm Springs und Palm Desert benannt wurden. Exzessives Hochpumpen von Grundwasser hat dazu geführt, daß die meisten dieser schattigen grünen Oasen verschwanden, doch im Park haben einige wenige überlebt, unter anderem in Lost Palms, Cottonwood und Fortynine Palm Oasis.

Ein Netz aus 128 km befestigter Straßen, mehr als 160 km Staubstraßen und 112 km Wanderwege durchzieht den Joshua Tree National Park. Die meisten Besucher betreten den Park auf der Nordseite und fahren auf der 48 km langen Hauptstraße durch die höhergelegenen Teile des Parks, durch die Haine mit merkwürdig bizarr anmutenden Joshua Trees und vorbei an Granitblöcken, die durch Erosion seltsame Formen angenommen haben, die an moderne Skulpturen erinnern. Lost Palms, die größte Fächerpalmenoase des Parks, liegt wie ein grünes Juwel in der sonnengebleichten Wüste, am Ende eines 11 km langen Wanderweges von Cottonwood Springs in der Nähe des Südeingangs. Die 64 km lange gepflasterte Straße von Cottonwood Springs bis zur Hauptstraße windet sich von den niedrigsten Teilen des Parks hinauf zu den höchsten und zeigt eindrucksvoll, wie abwechslungsreich eine »Wüste« sein kann.

– Susan J. Tweit –

GANZ LINKS: **Wind und Sand rundeten diesen Felsblock ab, während das Wasser, das in die Ritzen eindrang, die zerklüftete Struktur vieler anderer Felsformationen im Park schuf.**

LINKS: **Im Frühling schmücken viele Wildblumen die Wüstenlandschaft.**

Teddy Bear Cholla in Cholla Garden

Joshua Trees neben Granitblöcken am Belle Campground

Sequoia & Kings Canyon

DIE GESCHICHTE DER BEIDEN ANEINANDERGRENZENDEN Nationalparks, die gemeinsam 3.500 km² der spektakulären Sierra Nevada und unter anderem den höchsten Berg der USA südlich von Alaska, den 4.418 m hohen Mount Whitney sowie die größten Sequoia-Haine schützen, spiegelt auf anschauliche Weise den andauernden Konflikt zwischen Ausbeutung und Schutz der Natur wider. 1885 kam es zu einer ungewöhnlichen Allianz. Aufgebracht über die rigorose Abholzung der Mammutbäume und die rücksichtslose Abweidung der Bergwiesen taten sich Naturschützer, die American Association for the Advancement of Science sowie die Southern Pacific Railroad zusammen und forderten die Gründung eines Nationalparks zum Schutz der Flußgebiete der westlichen Sierra. Im September 1890 unterzeichnete Präsident Benjamin Harrison das Gesetz zur Gründung des zweiten US-Nationalparks, des Sequoia National Parks.

Leider währte die Freude nur kurz, denn der Park war nur gut 20.000 ha groß und enthielt trotz des Namens keine einzige Riesensequoia. Eine Woche später gründete der Kongreß den winzigen 1.000 ha großen General Grant National Park, den Vorläufer von Kings Canyon, um zwei Sequoia-Haine zu schützen, und verdreifachte die Größe des gerade erst gegründeten Sequoia National Parks. Doch keiner der beiden Parks reichte bis in die High Sierra. Erst 1926 wurden die Grenzen von Sequoia bis zum Kamm der Sierra erweitert. 1940 wurde der Kings Canyon National Park gegründet, der auch die spektakulären Canyons des Kings River nördlich von Sequoia und den alten General Grant National Park umfaßte.

Doch der Kampf um die High Sierra war immer noch nicht vorüber. Die südliche Grenze von Sequoia sparte Mineral King aus, ein riesiges Gebiet mit mächtigen Bergen, das über große Silbervorkommen verfügt. 1965 schlug die Disney Corporation vor, im wilden Mineral King ein Skizentrum einzurichten. Der Sierra Club zog gegen dieses Projekt vor Gericht, und nach langen juristischen und öffentlichen Kämpfen gab Disney schließlich auf. Mineral King wurde 1978 dem Sequoia National Park angeschlossen und vervollständigte damit den südlichen Teil des Parks.

Die meisten Besucher kommen nach Sequoia und Kings Canyon, um die Riesensequoias zu sehen, die größten Lebewesen der Welt. Sie sind zwar nicht so hoch wie die Küstenredwoods, dafür aber bedeutend massiger. Der größte bekannte Mammutbaum, »General Sherman« im Giant Forest in Sequoia National Park, wiegt ungefähr 1.385 Tonnen. Sein Stamm ist 84 m hoch und hat an der Basis einen Durchmesser von 31 m. Der erste Ast, der einen Durchmesser von fast 2 m hat, befindet sich in einer Höhe von etwa 13 Stockwerken über der Erde. Der Baum ist ca. 2.300 bis 2.700 Jahre alt und war bereits zu Beginn unserer Zeitrechnung stattlich.

Einst gab es Sequoias in ganz Nordamerika, als das Klima jedoch in den letzten 60 Millionen Jahren wärmer und trockener wurde, schrumpfte ihr Lebensraum immer mehr. Heute findet man sie nur noch an einem 418 km langen Streifen der Sierra Nevada in einer Höhe zwischen 1.500 und 2.200 m. Wasser erhalten sie durch den Winterschnee. Diese Giganten wachsen in gemischten Koniferenwäldern mit anderen Bäumen – Grautannen, Zuckerkiefern, Gelbkiefern und Rauchzedern, allesamt große Bäume, die jedoch neben den Riesensequoias klein wirken.

Nur zwei enge gewundene Straßen, der Kings Canyon Highway und der Generals Highway, die in den Kindertagen der Automobilindustrie entstanden und für sehr lange Fahrzeuge nicht geeignet sind, führen in die unteren Regionen der beiden Parks. Der Kings Canyon Highway, die einzige Straße, die in den Kings Canyon führt, verläuft durch Grant Grove, Heimat des zweitgrößten Mammutbaumes, »General Grant«, führt dann steil hinab in den Kings Canyon (im Winter ist dieser Teil der Straße durch Schnee unpassierbar) und endet einige Kilometer weiter in Road's End. Der stark befahrene Generals Highway führt von Grant Grove in einer Schlaufe durch die unteren Teile von Sequoia, vorbei an mehreren Sequoiahainen, unter anderem dem Giant Forest, Heimat des riesigen »General Sherman«. Der größte Teil beider Parks ist in wildem Zustand verblieben und nur zu Fuß oder mit dem Pferd zu bewältigen. Die wunderschöne Aussicht – meilenweit nichts als stille Bergwälder, zerklüftete Gipfel und nackte Granitbecken mit saphirblauen Seen – bilden das Herz der Sierra Nevada, eine Welt, für deren Bewahrung Naturschützer fast ein Jahrhundert lang gekämpft haben.

– Susan J. Tweit –

LINKE SEITE, LINKS: **Upper Dusy Basin am Kings Canyon**

LINKE SEITE, LINKS: **Blick von den Alabama Hills am Rande des Sequoia National Parks auf Lone Pine Peak im Morgenlicht**

OBEN: **Mond über Mount Whithney**

RECHTS: **Sequoiastamm und Kiefern, Redwoods und moosbedeckter Granit im Giant Forest**

Lassen Volcanic

BIS ZUR ERUPTION DES MOUNT SAINT HELENS 1980 WAR der Ausbruch des Lassen Peak in Nordkalifornien der jüngste Vulkanausbruch im Hauptgebiet der US-Staaten. Das spektakuläre Ereignis begann 1914 mit aktiver Vulkantätigkeit und erreichte seinen Höhepunkt im Mai 1915 mit einer 11 km hohen Eruption, bei der hochgeschleuderte Asche und vulkanisches Material zu einer radikalen Veränderung der Landschaft führten. Das »Feuerwerk« veranlaßte Präsident Theodore Roosevelt zur Gründung eines neuen Nationalparks an der Grenze der Sierra Nevada und der Cascade Mountains. 1916 wurden der Lassen Peak und die ihn umgebenden 43.000 ha unter Schutz gestellt. Die vulkanische Aktivität dauerte fünf Jahre an. Der Lassen Peak erhebt sich 610 m über dem Gelände bei einer Gesamthöhe von etwa 3.187 m über dem Meeresspiegel. Er gehört zum rings um den Pazifik verlaufenden Vulkangürtel, dem »Pacific Ring of Fire«, der häufig Erdbeben auslöst, wenn die tektonischen Platten, aus denen die Erdkruste besteht, miteinander kollidieren.

Lassen entstand als Schlot auf der Nordflanke des urzeitlichen Mount Tehama, der inzwischen eingestürzt ist. Es gibt auf der Erde vier Vulkantypen, je nach Lavaart, und in Lassen Volcanic National Park sind sie alle vier zu finden. Lassen Peak selbst ist ein Vulkandom mit einer sogenannten Staukuppe. Sie entstand, als vor 27.000 Jahren zähflüssige Lava in weniger als einem Jahrzehnt erstarrte und als Pfropf den Vulkanschlot verschloß. Stratovulkane, wie die Reste des Mount Tehama, sind aus Lavadecken und Lockermassen aufgebaut. Mount Harkness und West Prosper sind Schildvulkane, die dünnflüssige Lava ausstoßen, die sich weit ausbreiten kann (berühmte Beispiele sind Mauna Loa und Mauna Kea). Aschenvulkane stellen den häufigsten Vulkantyp dar und formen sich durch kurze Eruptionen, in denen Lockermaterial, erbsen- bis walnußgroße Lavabrocken durchsetzt mit Gas und Luft, hochgeschleudert werden. Es bilden sich steile Kegel, die nicht höher sind als 300 m. Das beste Beispiel hierfür im Lassen Park ist Cinder Cone, ein pechschwarzer 244 m hoher Schlackenkegel, der im 18. Jahrhundert ausbrach. Obwohl Lassen Peak ein ruhender Vulkan ist, glauben Wissenschaftler, daß er zu den Gipfeln der Cascades gehört, bei denen eine erneute Aktivität am wahrscheinlichsten ist. Seine geothermale Umgebung ist eindrucksvoll – blubbernde Schlammtöpfe, dampfende Fumarolen, heiße, manchmal sogar kochende Quellen, übel riechende Schwefelschlote. Sulphor Works mit seinen stinkenden Schwefelschwaden liegt im Zentrum des ehemaligen Mount Tehama im südwestlichen Teil des Parks. Auf einem Holzsteg kann man die fauchende, glucksende Welt gut beobachten. Bumpass Hell – benannt nach Kendall Bumpass, der 1864 mit dem Bein durch die Kruste brach und sich schwere Brandverletzungen zuzog, beeindruckt durch heiße Quellen und blubbernde Schlammlöcher.

Doch nicht alle tektonischen Phänomene sind aktiv. Chaos Jumbles, eine Ansammlung von Felsen und Steinen, die über ein Gebiet von 10 km² verstreut liegen, ist das Ergebnis einer Lawine, die vor 300 Jahren mit einer Geschwindigkeit von über 160 km/h durch das Tal raste. Die Devastated Area, in der alles pflanzliche Leben bei dem Vulkanausbruch 1915 auf einen Schlag erlosch, zeigt erst allmählich wieder Spuren von Vegetation. Eingebettet in die Vulkanlandschaft sind große Gebiete, in denen das Leben triumphiert. In Lassen gibt es mehr als 700 Pflanzenarten, und von Sommerbeginn bis September sind die Wiesen voller Wildblumen. Eines der schönsten Gebiete ist die vom Kings Creek durchschnittene Upper Meadow unterhalb von Lassen Peak. Alpine Tundra und immergrüne Wälder reichen hinab in von Flüssen durchzogene Täler.

Das Besucherzentrum in Lassen National Park liegt am Westeingang, eine Tagesfahrt von der San Francisco Bay entfernt. Die 56 km lange Hauptstraße des Parks führt am tannengesäumten Manzanita Lake in der nordwestlichen Ecke des Parks und an drei Seiten des Lassen Peak vorbei und berührt Wanderwege, Seen und geothermisch aktive Gebiete. Der Park besitzt 240 km Wanderwege. Der Lassen Peak Trail lockt unerschrockene Bergsteiger in die dünne Höhenluft. Der anstrengende Rundweg dauert fünf Stunden, doch die Mühe wird mit einem wunderbaren Ausblick vom Vulkangipfel belohnt. Vom Summit oder Butt Lake aus kann man zum Cinder Cone in der abgelegenen nordöstlichen Ecke des Parks wandern. Angeln und Bootfahren sind auf vielen der zahlreichen Seen des Parks erlaubt. Ein Wintersportgebiet befindet sich in der Nähe des Südwesteingangs.

– Susan Burke –

Lassen Peak, gespiegelt im Wasser von Manzanita Lake

Redwoods

WER EINEN REDWOODBAUM RICHTIG AUF SICH WIRKEN lassen möchte, sollte sich flach auf den Rücken legen und seine Blicke langsam den Stamm hinaufwandern lassen, immer weiter, bis er in einer Höhe von etwa zehn Stockwerken über sich den Wipfel erreicht hat. Sequoia sempervirens (den Namen »immer jung« verdankt der Baum wohl der Tatsache, daß ihm Insekten, Krankheiten und Feuer kaum etwas ausmachen) ist mit der Riesensequoia verwandt und kann 60 m bis 73 m hoch werden und hunderte von Tonnen wiegen. 1769 wurden die Redwoodwälder an der Küste Nordkaliforniens und Oregons zum ersten Mal von Fray Juan Crespi erforscht. Danach fielen sie für Jahrhunderte der Profitsucht des Menschen zum Opfer. Dies gilt insbesondere für das 19. Jahrhundert, als das rigorose Abholzen der Baumriesen begann. 1918 bildeten sich Vereine zum Schutz der Redwoods, und während der folgenden 50 Jahre gelang es mit finanzieller Unterstützung des Staates, insgesamt 20.000 ha der Redwoodwälder zu erstehen, die in den Nationalpark integriert wurden. Die Bäume werden 500 bis 700 Jahre alt – einige sind vielleicht sogar bis zu 2.000 Jahre alt. Das Abholzen wurde dennoch fortgesetzt, und Millionen von Redwoods wurden zu Holzveranden und Möbeln verarbeitet. 1965 waren die circa 800.000 ha der ursprünglichen Waldfläche auf etwa 120.000 ha geschrumpft. Die Befürchtung, die restlichen unberührten Wälder könnten ebenfalls unwiderbringlich vernichtet werden, veranlaßte den Kongreß zur Gründung des Redwood National Park. Drei kalifornische State Parks (Prairie Creek, Del Norte Coast und Jedediah Smith) gingen in den neuen Park ein. 1978 wurde der Nationalpark erweitert und erstreckt sich heute über 43.000 ha, auf etwa 16.000 ha davon wachsen Redwoods, die mindestens 400 Jahre zählen. Ein Großteil des Erweiterungsebietes von 1978 wird heute mit Sämlingen und Pflanzungen aufgeforstet, und eine Erosionskontrolle soll sicherstellen, daß es auch in Zukunft noch Redwoodwälder geben wird.

Die riesigen Bäume, die aus dem dunklen Unterholz in die sonnige Atmosphäre ragen, sind die Hauptattraktion des Parks. Zu ihnen gehört auch der höchste Baum der Erde, ein 112 m hoher Titan im Herzen der Tall Tree Grove am Ufer des Redwood Creek. Der Hain trägt seinen Namen zu Recht, denn hier findet man auch den zweit-, dritt- und sechsthöchsten Redwood. Die Bäume brauchen zum Gedeihen feuchte Seeluft, und das milde Klima ist auch für die Besucher angenehm. Küstenredwoods, wie man die Bäume allgemein nennt, wachsen nie weiter als 60 km vom Pazifik entfernt und scheinen diesen unberührten Küstenstrich mit seinen dramatisch steilen und zerklüfteten Klippen zu bevorzugen. Vom Crescent Beach Overview aus kann man oft Grauwale auf ihrer jährlichen Wanderung zwischen der Antarktis und der Baja beobachten. Vom Ufer aus sieht man spielende Seehunde, Tümmler und Seelöwen. Die zahlreichen Seevögel machen etwa die Hälfte der 300 Tierarten im Park aus.

Die fruchtbare Gezeitenzone ist Lebensraum für 168 Arten von wirbellosen Tieren. In den dichten unteren Stockwerken der Wälder wachsen Weinahorn, Eichen, Erlen, Azaleen, riesige Rhododendren und viele Farnarten. Zwischen den Wäldern liegen Prärien, die im Frühjahr mit Wildblumen übersät sind und Maultierhirschen, Kojoten, Berglöwen, Luchsen und den mächtigen Roosevelt-Hirschen (die auch die Gold Bluff Beach besuchen, wo der Sand mit Goldstaub durchsetzt ist) Heimat sind. An den Süßwasserflüssen leben Biber, Nerze und Otter, im Wasser findet man Lachse und die berühmten Stahlkopfforellen.

Redwood National Park ist von einem Netz aus Wanderwegen durchzogen, die sich durch Redwood-Haine und Fichtenwälder winden und an Steilufern von Flüssen und an der zerklüfteten Küste entlangführen. Ausgesprochen malerisch ist die Klamath Beach Road (am besten wechselt man sich beim Fahren ab), das gleiche gilt für die U.S. 101 und die unbefestigten Straßen, die durch die Redwoodwälder führen. Im Sommer bildet sich fast jeden Tag ein angenehm kühler Nebel, der die Oberfläche der Blätter feucht hält und die Wurzeln der Redwoods benetzt.

– Susan Burke –

Eindrucksvolle Aufnahme der riesigen Redwoods

UNTEN: **Küstenredwoods gedeihen besonders gut in nebelverhangenen Hainen.**

Crater Lake

WÄRE CRATER LAKE NACH EINEM BESTIMMTEN REZEPT entstanden, hätte dieses wohl so gelautet: 1. Man forme einen großen Vulkan der Cascade Range (Mount Mazama), bis die Spitze 3.962 m über dem Meeresspiegel liegt. 2. Den Inhalt des Vulkans durch eine gewaltige Eruption nach außen pressen (etwa 312 km³ Material). 3. Mit Hilfe der Schwerkraft das jetzt ungestützte Vulkandach einstürzen lassen. 4. Alle Risse und Spalten im Boden der entstandenen kesselförmigen Caldera (jetzt etwa 1.219 m über dem Meeresspiegel), mit Lava und Asche füllen. 5. Als Erinnerung an den vulkanischen Ursprung der Caldera mit einem 792 m hohen Lavakegel (Wizard Island) garnieren. 6. Regenwasser und geschmolzenen Schnee hinzufügen (etwa 35 Billionen Liter), bis ein 589 m tiefer See entstanden ist. 7. Jeden Winter mit 14 m Schnee garnieren. Das Rezept reicht für 500.000 Besucher (pro Jahr).

William G. Steel, der vor etwa einem Jahrhundert die Kampagne zur Gründung des einzigen Nationalparks von Oregon führte, meinte: »Die Natur scheint ihre ganze Genialität darauf konzentriert zu haben, einen grandiosen, ehrfurchtgebietenden Tempel zu schaffen, wie ihn die Welt noch nie zuvor gesehen hat.« Der 740 km² große Park wurde 1902 gegründet und schützt ein echtes Juwel, den siebttiefsten See der Welt und seine hochgelegene vulkanische Fassung. Die Klamath-Indianer erzählten sich, der Bluebird, ein in Amerika heimischer blauer Vogel, sei schwarz gewesen, bevor er seine Flügel in den See tauchte. Die Klamath hielten den See für heilig und verrieten den Weißen nichts von seiner Existenz, bis er 1853 zufällig von einer Gruppe Goldgräber entdeckt wurde. Sie nannten ihn aufgrund seiner Farbe Deep Blue Lake. Da der See noch jung ist und kein Fluß in ihn mündet (das Land um den See fällt nach unten hin ab), ist sein Wasser das sauberste und klarste der Welt, unbeeinflußt selbst von den hydrothermischen Vorgängen auf dem Seegrund.

Mount Mazamas kataklysmische Eruption war 42mal stärker als die von Mount St. Helens 1980. In den folgenden 7.700 Jahren siedelten sich in einem Großteil der Region wieder Bäume an, doch Lavafelder und Aschenkegel zeugen von der vulkanischen Vergangenheit. Höhe, starke Schneefälle und Wind haben die Weißstämmigen Zirbelkiefern am Kraterrand, wo der Schnee in den meisten Jahren bis in den Juli hinein liegen bleibt, verkümmern lassen. Aber viele Tiere sind zurückgekehrt, etwa Schwarzbären, Luchse und Murmeltiere. Im See leben zwei Fischarten, eine Süßwasserlachsart, der Kokaneelachs, und die Regenbogenforelle. Beide Fischarten wurden von William G. Steel dort angesiedelt.

Crater Lake ist nur fünf Autostunden von Portland und acht von San Francisco entfernt, doch aufgrund der starken Schneefälle sind die Sommer nur kurz. Obwohl der Park selbst ganzjährig geöffnet ist, wird der 48 km lange Rim Drive oft erst Mitte Juni ganz geöffnet und im Oktober wieder geschlossen. Auch die North Entrance Road ist im Winter geschlossen. Die klare Luft in einer Höhe von 2.134 m sorgt dafür, daß die Sicht vom Kraterrand aus häufig mehr als 160 km beträgt. Der Pacific Crest Trail, der von Kanada nach Mexiko führt, durchquert den Park von Norden nach Süden. Acht weitere Wanderwege bieten die Möglichkeit zu geruhsamen Spaziergängen, aber auch zu mühsamen Kletterpartien. Sommergäste, die sich zutrauen, die 213 m zum Kraterrand zu bewältigen, sollten unbedingt hinunter zum See wandern und an einer Bootsfahrt (ab Cleetwood Cove) teilnehmen.

– Mike Macy –

Sonnenaufgang über dem Crater Lake, vom Watchman Peak aus gesehen

Der Schnee, der den Crater Lake einrahmt, läßt das berühmte blaue Wasser noch intensiver leuchten.

Höhenlage und Schneefall haben der weißstämmigen Zirbelkiefer ihre bizarre Form verliehen. >>>

Olympic

PANORAMABILD: Sonnenuntergang an der Rialto Beach; wie Wächter ragen die mächtigen Felsen aus dem Wasser.

ANGEBLICH VERDANKEN DIE OLYMPIC MOUNTAINS ihren Namen Juan de Fuca, der 1592 die Westküste für Portugal erforschte und den sie an den Göttersitz Olymp in der Heimat seiner griechischen Vorfahren erinnerten. Obwohl nicht sicher ist, ob de Fuca das Gebirge tatsächlich als erster entdeckte, ist der Name gut gewählt, denn die Halbinsel Olympic besitzt nahezu alles, was sich die Götter nur wünschen können: Strände mit donnernder Brandung, Landzungen und Felspfeiler, üppige Regenwälder, subalpine Wildblumenwiesen und gletschergeschmückte Gipfel.

Während die umliegenden Gewässer bereits um 1770 erforscht wurden, blieb das Innere der Halbinsel bis in die 80er Jahre des 19. Jahrhunderts weitgehend unbekannt. 1890 forderten dann die wenigen Menschen, die bis ins Herz der Olympics vorgedrungen waren, den Schutz dieser Landschaft. Lieutenant Joseph O'Neil, der Leiter der ersten Expedition ins Binnenland, schrieb 1890, daß es »sich hervorragend als Nationalpark eignen würde. Es gibt zahlreiche Hirsche, edle Tiere, die in unserem Land immer seltener werden und unbedingt geschützt werden sollten.« Die sanften, 250 kg schweren Pflanzenfresser wurden wegen ihrer Eckzähne abgeschlachtet, die damals beliebte Uhranhänger waren. Das Olympic Forest Reserve, zu dem die meisten Wälder der Halbinsel gehörten, wurde 1897 von Präsident Cleveland gegründet. Präsident Theodore Roosevelt gründete 1909 das Mount Olympus National Monument und stellte das Herz der Halbinsel und die nach ihm benannten Roosevelt-Hirsche unter Schutz. 1938 unterzeichnete Präsident Franklin D. Roosevelt ein Gesetz, das den Mount Olympic National Park gründete. Von der Größe her liegt der Park mit 3.730 km² zwischen Rhode Island und Delaware und besteht aus einem riesigen Krater, dem Queets River Corridor und einem 96 km langen Küstenstreifen, der 1953 hinzugefügt wurde.

1858 beschrieb der oft unterschätzte U.S. Coast Survey den Wald von Olympic als »unermeßliches Meer aus gigantischen Bäumen, die bis zur Küste reichen«. Heute enthält der Park noch einige Reste der alten gemäßigten Regenwälder, die sich einst an der Pazifikküste von Oregon bis nach Alaska erstreckten. Die Olympic Mountains ragen 48 km vom Meer 2.428 m empor, schützen die Küste vor den kalten kontinentalen Luftmassen und halten zugleich die vom Pazifik kommende Feuchtigkeit auf. Die Niederschläge im südwestlichen Zipfel des Parks betragen jährlich etwa 5 m, mehr als irgendwo sonst in den 48 kontinentalen US-Staaten. Der resultierende Regenwald, den ein früher Besucher einst als »wunderbaren Wirrwarr« bezeichnete, besteht aus einem Gewirr aus flechtenbehangenen Bäumen, Gestrüpp und Igel-Aralien. Unzählige Moose und Farne bedecken den Boden, gedeihen aber auch hoch oben in den Roterlen und dem Großblättrigen Ahorn. Darüber breiten Sitkafichten, Hemlocktannen, Douglasien und Riesenlebensbäume ihre ausladenden Dächer aus. Auf der Halbinsel wachsen viele rekordverdächtig große Bäume, die zu mehr als einem halben Dutzend Arten gehören. Die Sitkafichte kann über 90 m hoch werden. Auf der Ostseite der Insel gedeihen völlig andere Baumarten. Die Berge halten die feuchten Luftmassen so effektiv auf, daß in der Stadt Sequin, unmittelbar nordöstlich vom Park, jährlich nur magere 43 cm Regen gemessen werden.

Die Olympics bestehen vorwiegend aus Sandstein, Schiefer und Lava, 30 Millionen Jahre alte Sedimente des Pazifikbodens. Als die Pazifische Platte unter die Nordamerikanische Platte glitt, wurden die Felsen abgehobelt, falteten sich und wölbten sich auf. Erosionen durch Gletscher und Flüsse ließen ein Muster entstehen, bei dem die Flüsse von der Mitte aus nach allen Seiten ausstrahlen. Während der letzten Eiszeit isolierten riesige Gletscher aus den Cascades die Halbinsel vom Festland, weswegen es dort heute 16 Tierarten gibt, die sonst nirgends auf der Welt vorkommen. Hierzu gehören das Olymic-Murmeltier, die Olympic-Taschenratte sowie die Beardslee- und Crenscenti-Forelle. Elf Arten, wie Grizzlys, Bergschafe und Stachelschweine, die im Pudget Sound und in den Cascades leben, fehlen dagegen völlig. Die letzten Grauwölfe des Parks wurden in den 30er Jahren ausgerottet, doch Puma und Schwarzbär sorgen dafür, daß die Populationen der verschiedenen Hasenarten und die Bestände der Columbia-Maultierhirsche und Roosevelt-Hirsche nicht überhand nehmen. Die in den 20er Jahren im Park angesiedelten Schneeziegen trotzen den Raubtieren und richten in der alpinen und subalpinen Flora große Schäden an.

Von Seattle braucht man mit dem Wagen und der Fähre zwei Stunden bis zum Park, von Portland, Oregon, fünf Stunden. 13 Straßen führen in die Täler, doch keine durchquert den Park. Zwei Straßen führen hinauf in die subalpine Zone. Auf 27 km Länge steigt die Hurricane Ridge Road von Meeresspiegelhöhe auf eine Höhe von 1.524 m und bietet großartige Ausblicke auf Mount Olympus, Elwha Valley, Port Angeles und Vancouver Island. Besucher sollten sowohl für die Nordseite als auch für die Westseite des Parks mindestens einen Tag einplanen. Außer einigen Naturlehrpfaden besitzt Olympus 960 km Wanderwege und gilt als wahres Wanderparadies.

– Mike Macy –

ShiShi Beach

Mount Olympus von High Divide, Blue Glacier aus gesehen

Weinahorn und Moos im Hoh-Regenwald

Mount Rainier

CAPTAIN GEORGE VANCOUVER SOLL ALS ERSTER EUROPÄER den Mount Rainier zu Gesicht bekommen haben, als er 1792 den Pudget Sound kartographierte. Er beschrieb ihn als »erstaunlich hohen, schneebedeckten Berg« und nannte ihn nach einem Freund, dem Konteradmiral Peter Rainier, der ihn allerdings selbst nie sah. Die Indianer nannten den Berg Tahoma, was soviel bedeutet wie »der Berg, der Gott war«. Rainier ist 4.392 m hoch und dominiert die ihn umgebenden 1.800 m hohen Berge völlig. Wenn in Seattle von »dem Berg« gesprochen wird, weiß jeder, welcher der vielen hundert von der Stadt aus sichtbaren Berge gemeint ist. Seit mehr als einem Jahrhundert ist Mount Rainier ein Magnet für Bergsteiger, sowohl als sportliche Herausforderung als auch wegen der »ungeheuren landkartenähnlichen Aussicht«, wie John Muir es ausdrückte. Muir gehörte 1888 zur sechsten Gruppe, die den Berg bestieg. 1886 schrieb George B. Bayley, einer der ersten Bezwinger des Rainier: »Die Aussicht vom Gipfel war unbeschreiblich grandios und umfassend, obwohl die ganze Landschaft unterhalb einer Höhe von 1.500 m in einem Meer aus Dunst versunken war, aus dem die höheren Berge wie Inseln herausragten.« Der Park wurde 1899 gegründet, um Rainier, den größten Vulkan der Cascade Range zu schützen, das sich von Mount Garibaldi in Kanada bis zum Mount Lassen in Nordkalifornien erstreckt.

Der Vulkan entstand im Laufe von einer Million Jahre durch Hunderte von Eruptionen. Geologen schätzen, daß der Rainier 6.000 m höher war, bevor Eruptionen, Erdrutsche und Gletscher ihn auf seine heutige Größe reduzierten. Mount Rainier brach letztmalig vor etwa 100 Jahren aus und gilt momentan als ruhend. Doch dies kann sich rasch ändern, wie sein südlicher Nachbar Mount St. Helens 1980 mit einer dramatischen Eruption eindrucksvoll unter Beweis stellte.

Der Mount Rainier macht sich sein eigenes Wetter, indem er die Feuchtigkeit aufhält, die vom Pazifik heranzieht. Bei einem jährlichen Schneefall von über 15 m hält der Berg den nordamerikanischen Rekord mit 31 m im Winter 1971/72. Der Schnee speist die 25 Gletscher, die größte Gletscheransammlung auf einem einzelnen Berg in den 48 zusammenhängenden US-Staaten. Er bleibt in einer Höhe von 1.500 m bis Mitte des Sommers liegen und bewässert Wiesen mit Wildblumen. Schwarzbären, Pumas, Murmeltiere, Hirsche und Roosevelt-Hirsche (Anfang des 20. Jahrhunderts eingeführt) sowie Schneeziegen haben im Park eine Heimat gefunden. Elcaine Longmire, eine frühe Bewohnerin der Region, meinte einst, so müsse das Paradies aussehen. Diesem Ausspruch verdankt die subalpine Hütte »Paradise« ihren Namen. Dort beginnen die meisten Gipfelbesteigungen. Unter 1.000 m fällt ein Großteil der Feuchtigkeit als Regen und schafft auf den Westflanken üppige, gemäßigte Regenwälder. Nach Osten wirft der Berg einen ausgeprägten Regenschatten.

Da der Park nur drei Stunden von Seattle entfernt ist, kann ziemlicher Verkehr aufkommen. Besonders an Wochenenden scheint es, als kämen alle 1,8 Millionen Besucher des Jahres am selben Tag. Mit 950 km² ist der Park nur ein Drittel so groß wie Rhode Island. Mit Ausnahme der Nordwestecke kann man im Sommer fast überall auf dem Berg mit dem Auto fahren. Naturlehrpfade in Longmire, Carbon River und Ohanapecosh führen in den Regenwald. In Paradise kann man Wildblumen bewundern, und Sunrise, der höchste mit dem Wagen erreichbare Punkt, vermittelt einen Eindruck von der Größe des Berges. Ein Wanderweg von 150 km führt um den Berg. Die Baumstämme, die man im Kautz Creek Valley von der Straße aus sieht, wurden von einem Gletscher mitgerissen, der 1947 den Berg hinabdonnerte.

– Mike Macy –

LINKS: **Wald bei den Comet Falls**

RECHTS: **Lupinen in Paradise Meadow**

Blick auf Mount Rainier vom Sunrise Park aus

Gelbe Gauklerblumen am Sunbeam Creek

Haleakala

WENN DER HAWAII VOLCANOES NATIONAL PARK AUF der Insel Hawaii der beste Ort in den USA ist, um aktive Vulkane zu beobachten, dann ist Haleakala National Park auf der nördlichen Nachbarinsel Maui der beste Ort, um die Folgen des »Feuerwerks« zu erforschen. Der Haleakala eruptierte zuletzt 1790 und gilt als ruhender Vulkan, könnte aber jederzeit wieder ausbrechen. Der 3.055 m hohe Berg beherrscht Maui und bietet unterhalb des Gipfels »House of the Sun«, eine so ungewöhnliche ökologische Vielfalt, daß er 1980 zum Biosphärenreservat erklärt wurde.

Haleakala tauchte vor mehr als 900.000 Jahren aus dem Meer auf. Während der nächsten 500.000 Jahre entstand durch Eruptionen allmählich ein Vulkan, der Hunderte von Metern höher war als heute. Während der letzten 400.000 Jahre wirkte sich die Erosion durch Regen, Wind und vielleicht auch Vergletscherung stärker aus als der Vulkanismus. Haleakalas biologische Vielfalt entstand durch die Interaktion zweier Faktoren: Höhenunterschiede und Regenmenge. Zum einen erhebt sich der Berg jäh aus subtropischer Meeresspiegellage und umfaßt bis zu seinem alpinen Gipfel mehrere Klimazonen. Zum anderen bringen die vorherrschenden Passatwinde der Ostseite des Vulkans jährlich bis zu 10 m Regen, während die Westflanke nur etwa 50 bis 100 cm pro Jahr erhält.

Wenn man westwärts über den Gipfel von Kipahulu in den Südostzipfel des Parks kommt, findet man nacheinander Tieflandküstenwald, Regenwald, subalpines Buschland, darüber eine äolische/alpine Zone, wiederum subalpines Buschland und schließlich Trockenwald. Nur wenige Areale des Küstenwaldes haben die 1.500 Jahre anhaltenden Eingriffe des Menschen und die neu eingeführten Tierarten überdauert. Der Regenwald mit seinen Baldachinen aus Ohi'a- und Koa-Bäumen und den kleineren Bäumen, Farnen, Büschen und Kräutern darunter war lebensfähiger und bietet vielen seltenen Vögeln, Insekten und Spinnen eine Heimat. Im subalpinen Buschland wachsen mehr als ein Dutzend Busch- und Grasarten. Auch hier gibt es viele Vogelarten, unter anderem die gefährdete Nene oder Hawaiigans. Obwohl die äolische (durch Windeinwirkung entstandene) oder alpine Zone genügend Regen erhält, verdunstet die Feuchtigkeit sehr schnell oder sickert in den meist nackten Boden. Vom Auto aus wirkt die alpine/äolische Zone karg und wüstenartig, doch bei näherem Hinsehen erkennt man, daß auf dem Boden nicht nur zahlreiche Spinnen und Insekten leben, sondern auch Pflanzen, etwa das kaktusartige Ahinahina oder Silberschwert. Der einzige Trockenwald des Parks im Kaupo Gap wurde durch Vieh, Ziegen und Waldbrände stark gelichtet.

Haleakala ist die Heimat äußerst seltener Tierarten, die sich in Hundertausenden von Jahren an die Lebensbedingungen in Hawaii angepaßt haben. Andere Arten konnten sich nicht an die raschen Veränderungen gewöhnen, die durch die Tiere ausgelöst wurden, die während der letzten 1.500 Jahre von polynesischen Seefahrern eingeführt wurden. Wenigstens 85 Vogelarten sind inzwischen ausgestorben, doch zwei Spezies von Zuckervögeln, 'I'wi und Apapane, überlebten. Die prächtigen karmesinroten Zuckervögel trifft man in Haleakala häufig an, ebenso die gefährdete Nene, die Ppeo oder Hawaiisumpfohreule und den 'Ua'u oder Hawaiisturmtaucher.

Die meisten Besucher benutzen die Serpentinenstraße von Kahului, um den Sonnenaufgang zu erleben und in das Innere des Gipfelkraters hinabzuschauen. Haleakalas Krater entstand nicht durch Vulkanismus, sondern durch Erosion und gilt daher nicht als echter Krater. Wanderwege führen durch den Krater, doch rasche Wetterwechsel, die Höhenlage und steile Hänge machen das Wandern äußerst beschwerlich.

Die Isolation des südöstlichen Parkzipfels hat dazu beigetragen, hawaiianische Traditionen zu bewahren. Am Ohe'o Gulch, dem von einem Wasserfall gespeisten Fluß, der sich über die Lavaterrassen bis in die donnernde Brandung ergießt, kann man oft Buckelwale beobachten.

– Mike Macy –

Die regengespeisten Wasserfälle des Pipiwai Stream haben am Ohe'o Gulch eine Vielzahl von Terrassen in die uralte Lava geschnitten.

Haleakala-Krater

Wenn die Sonne über Haleakala den Nebel durchdringt, versteht man, warum Touristen hinauf auf den Gipfel fahren, um dort den spektakulären Sonnenuntergang zu genießen.

Hawaii Volcanoes

ES GIBT NUR WENIGE ORTE AUF DER WELT, AUF DIE DER alte Maklerspruch nicht zutrifft, daß man nämlich ein Grundstück nicht größer machen kann, als es ist. Zu ihnen gehört die Insel Hawaii, die auch Big Island heißt, weil sie die größte Insel der Kette ist. Hawaii wird ständig von der Natur vergrößert, und zwar mit vulkanischem Material, das tief unten vom Meeresgrund stammt. Als südlichste Insel der 2.400 km langen Emperor-Seamount-Hawaii-Inselkette ist Hawaii die jüngste und höchste. Während der vergangenen 70 bis 80 Millionen Jahre hat sich die Pazifische Platte jährlich über einem »Hot Spot« im Erdmantel etwa 10 cm nach Nordwesten verschoben. So lange Big Island auf diesem Fleck liegt, wird Mutter Natur oder Pele, so lautet der Name der Hawaiianischen Feuergöttin, weiterhin geschmolzene Lava zur Oberfläche schleudern, die nach unten abfließt und dort neues Land schafft, wo sie den Pazifik berührt. In der Zwischenzeit wächst Lo'ihi, ein Unterwasservulkan 51 km südlich von Hawaiis Südspitze, langsam in Richtung Oberfläche und wird eines Tages Big Island als jüngste und südlichste Insel ablösen.

Der Hawaii Volcanoes National Park wurde 1916 gegründet, um die Vulkane Manua Loa und Kilauea auf Big Island und den Haleakala auf Maui zu schützen. (Aus administrativen Gründen wurde Haleakala 1961 zum eigenständigen Nationalpark erklärt.) Heute ist Hawaii Volcanoes zudem ein Biosphärenreservat und gehört zum Weltnaturerbe. Mauna Loa gilt als der mächtigste Berg der Welt, hat ein Volumen von mindestens 75.000 km³ und ist gewissermaßen auch der höchste Berg der Erde, denn er mißt vom Meeresgrund bis zum Gipfel fast 9.754 m und liegt 4.169 m über dem Meeresspiegel. Mauna Loa ist seit 1942 mindestens fünfmal ausgebrochen, das letzte Mal 1984. Der 1.248 m hohe Kilauea auf Mauna Loas Ostflanke ist seit 1970 fast ununterbrochen aktiv. Da hawaiianische Lava flüssiger ist als die Lava, die man normalerweise an konvergierenden Plattengrenzen erwartet, sind die Eruptionen auf Hawaii meist weniger explosiv. Aufgrund ihrer häufigen und wenig zerstörerischen Eruptionen gehören Mauna Loa und Kilauea zu den Vulkanen, die man am besten erforscht und ausgewertet hat. Ende der 80er Jahre konnten Forscher in Kilauea erstmals Unterwasserlava beobachten und filmen, als sie ins Meer floß. Sie bestätigten die schon seit langem kursierende Theorie, daß Kissenlava unter Wasser geformt wird.

Obwohl Hawaii Volcanoes nur einige Fahrstunden von den meisten Ferienorten auf Big Island entfernt liegt, ist das Wetter hier oft völlig anders und reicht von tropischen Regenfällen und Eisregen in Kilauea bis zu Schnee hoch oben auf Mauna Loa. Weil man aufeinanderfolgende Lavaströme während des letzten Jahrhunderts genau datiert hat, erhält der Besucher einen guten Einblick in die Wiederbesiedelung durch Pflanzen und Tiere, die mit der Ankunft von Insekten und dem Wachstum von Flechten und Farn einsetzt, sobald die Lavaoberfläche abkühlt. Die rasche Rückkehr von dichten Wäldern demonstriert wieder einmal eindrucksvoll den »Horror vacui« und die Lebenskraft der Natur.

Im Laufe von Jahrmillionen sind Pflanzen, Tiere und Insekten aus allen Teilen des Pazifiks durch Wind, Strömungen oder mit Hilfe ihrer eigenen Flügelkraft auf die hawaiianische Inselkette gelangt und haben sich dort angesiedelt und weiterentwickelt. Dies hat dazu geführt, daß 90 Prozent der heutigen hawaiianischen Fauna und Flora endemisch sind, also nirgendwo sonst vorkommen. Viele dieser Arten, die sich aus wenigen gemeinsamen Ahnen entwickelt haben, sind inzwischen durch weitere Arten bedroht, die der Mensch in den letzten 1.500 Jahren eingeführt hat: Schweine, Katzen, Ziegen, Ratten und Mungos. Einige der endemischen Arten, die Parkbesucher häufig beobachten können, sind die Nene oder Hawaiigänse, und der Lo oder Hawaiihabicht. Da die nächste kontinentale Landmasse (Nordamerika) mehr als 4.000 km entfernt ist, findet man nur wenige auf Hawaii heimische Arten an anderen Orten. Eine Ausnahme bildet der Kolea oder Goldregenpfeifer. Der Goldregenpfeifer brütet in der Tundra Alaskas, überwintert in grasbewachsenen Gebieten überall auf der hawaiianischen Inselkette und bewältigt die etwa 4.500 km zwischen Hawaii und Alaska ohne Zwischenstopp in drei bis vier Tagen.

– Mike Macy –

Ein Fluß aus Feuer fließt die Flanken des Kilauea hinab.

RECHTE SEITE: **Rauch quillt aus einem Schlot des Kilauea, der zu den aktivsten Vulkanen der Welt gehört.**

RECHTS: **Ein dampfender Lavastrom fließt in der Nähe von Wahualka ins Meer.**

Die hawaiianische Mythologie schreibt Vulkanausbrüche den Wutanfällen der Feuergöttin Pele zu.